Baltische Lebenswege

Neue Folge

Arne Mentzendorff

Baltische Lebenswege
Neue Folge

Rätsel um Persönlichkeiten
in Estland und Lettland

Bibliografische Information der Deutschen Nationalbibliothek
Die Deutsche Nationalbibliothek verzeichnet diese Publikation in der
Deutschen Nationalbibliografie; detaillierte bibliografische Daten sind im
Internet über http://dnb.d-nb.de abrufbar.

© 2017 Arne Mentzendorff
Umschlagdesign, Herstellung und Verlag: Books on Demand GmbH,
Norderstedt
Umschlagbild: Carl-Schirren-Gesellschaft e. V.

ISBN 978-3-7431-3284-9

Inhalt

1. „Ich musste also reisen".. 7
2. „Dumme Hausfrau mit Windeln".. 10
3. Nationalheiligtum aus Moskau... 13
4. Gemeinsame Mahlzeiten und Streiche.................................. 15
5. Mütterlicher Lug und Trug... 18
6. Märchenhafter Aufstieg.. 21
7. „Aufsehenerregender Fremdling".. 24
8. „Ich habe keine Tränen mehr".. 27
9. Große Kunst im Scheidungsparadies..................................... 30
10. Sorgen um die Werke.. 33
11. „Leben im Durcheinander".. 35
12. Acht Falken für den König.. 38
13. Glühender, geheimnisvoller Sommer..................................... 41
14. Nicht besser James?.. 44
15. Leidenschaft und Maßlosigkeit.. 47
16. „Rausch des Augengenusses"... 50
17. „War ich denn eine Besatzerin?"... 53
18. Lachsalven aus dem Druckerraum.. 56
19. Der verlorene Sohn... 59
20. Engel in der Botschaft... 62
21. Gestalten aus der Vergangenheit... 65
22. Angst vor Attentaten... 68
23. Kadaver-Ungehorsam.. 71

24.	„Kein größeres Opfer"..	74
25.	Überwinterung im Sommerhaus	77
26.	Opfer fürs „fremde" Land...	80
27.	Vom Feuerwerker zum Netzwerker.....................................	83
28.	Die Glocken von Vineta	86
29.	„Wir jedoch wollen dawider sein".....................................	89
30.	„Ich möchte lernen, Sie zu lieben"....................................	91
31.	Das Hauptwerk des „liebsten Papas".................................	94
32.	Ehrgeiziger Abenteurer..	97
33.	Schreiben unter dem Joch..	100
Lösungen		103

1. „Ich musste also reisen"

Der junge Mann war in der Stadt außerordentlich beliebt. Seitdem er mit 20 Jahren nach Riga gekommen war, flogen ihm die Herzen zu. „In Liefland", so schrieb er später in einem Brief, „besaß ich in kurzer Zeit die ganze Liebe der Stadt, die Freundschaft dreier der würdigsten Leute, die ich kenne; die Hochachtung der originalsten Köpfe, die mir mit in meinem Leben aufgestoßen sind... bei alle dem habe ich in Liefland so frei, so ungebunden, gelebt, gelehrt, gehandelt – als ich vielleicht nie mehr im Stande seyn werde, zu leben, zu lehren u. zu handeln." Auch bei seinen Schülern kam er gut an. Einer erinnert sich: „Seine Lehrmethode war so vortrefflich, sein Umgang mit seinen Schülern so human, daß sie keiner Lection mit größerer Lust beiwohnten als derjenigen, die von ihm gegeben ward."

Aber glücklich war er dennoch nicht. Er litt unter depressiven Anwandlungen und meinte, dass er durch seine Amtsgeschäfte zu wenig zu seinen eigentlichen Interessen käme und dass er hier „in Siberien" lebe, „wo ich keinen Briefwechsel unterhalten kann" – dabei korrespondierte er durchaus mit den großen Geistern seiner Zeit.

Immerhin gab es auch Leute, die ihm nicht wohlgesinnt waren. Nicht nur mit seinem Vorgesetzten lag er in Streit, sondern er führte auch eine jahrelange publizistische Auseinandersetzung mit einem Hallenser Professor für Philosophie und Beredsamkeit.

Neben seinen dienstlichen Aufgaben widmete er sich nämlich der Schriftstellerei. Ein befreundeter Verleger brachte seine Werke anonym an die Öffentlichkeit. Der besagte Professor, als streitsüchtiger Kritiker bekannt, ließ in einer von ihm herausgegebenen Zeitschrift den Namen des Autors nennen und seine Werke in schlechtem Licht dastehen. Es folgte eine literarische Fehde, in deren Verlauf sich der junge

Autor dazu hinreißen ließ, die Urheberschaft einiger seiner Schriften öffentlich abzustreiten, wodurch er sich unmöglich machte. Der Kritiker wurde ihm zunehmend zum Klotz am Bein.

Um sich aus seiner Lage zu befreien, bat er um die Entlassung von seinen Ämtern mit dem Ziel, eine längere Auslandsreise antreten zu können. Man gab dem mit Bedauern statt und sicherte ihm zu, dass er nach seiner Rückkehr erneut in Amt und Würden gelangen könne.

Nach viereinhalb Jahren in Riga verließ er die Stadt und schiffte sich ein – ohne genau zu wissen, wohin die Reise eigentlich gehen sollte. Er überließ es mehr oder weniger dem Zufall. Eigentlich wollte er in Kopenhagen einen von ihm verehrten Dichter besuchen. Er ging dort aber doch nicht von Bord und setzte stattdessen seine Reise bis nach Frankreich fort. Dort brachte er seine Eindrücke und Gedanken zu Papier.

In seinen Aufzeichnungen sah er seinen Lebensabschnitt in Riga als eine Zeit der Enge, der mangelnden Entfaltungsmöglichkeiten:

„Ich gefiel mir nicht als Schullehrer, die Sphäre war [für] mich zu enge, zu fremde, zu unpassend, und ich für meine Sphäre zu weit, zu fremde, zu beschäftigt… Alles also war mir zuwider. Mut und Kräfte gnug hatte ich nicht, alle diese Misssituationen zu zerstören, und mich ganz in eine andre Laufbahn hineinzuschwingen. Ich musste also reisen…"

Kurland beschreibt er als eine „moralische und literarische Wüste", aus Riga sei der Geist der Hansestädte gewichen. Aber er denkt an eine Rückkehr und hat große Pläne: Es geht ihm darum, „die Barbarei zu zerstören, die Unwissenheit auszurotten, die Kultur und Freiheit auszubreiten". Er hegt konkrete Vorstellungen zur Schulreform. In der Schule soll die Vermittlung des Lebendigen erfolgen, nicht das Einpauken toter Sprachen. Er will Livland zu einem Ausgangspunkt für eine neue Reformation machen, ein „zweiter Zwinglius, Calvin und Luther dieser Provinz" werden. Er fragt: „Kann ichs werden?

Habe ich dazu Anlage, Gelegenheit, Talente?" Und antwortet schließlich: „…Nächte und Tage darauf denken, dieser Genius Livlands zu werden, es tot und lebendig kennenzulernen, alles praktisch zu denken und zu unternehmen, mich anzugewöhnen, Welt, Adel und Menschen zu überreden, auf meine Seite zu bringen wissen – edler Jüngling, das alles schläft in dir, aber unausgeführt und verwahrlost!"

Während er solchen ehrgeizigen Plänen anhing, rückte die reale Rückkehr nach Riga aber in weite Ferne. Dortige Freunde, die ihn finanziell unterstützten, fürchteten, dass sie nicht nur ihn, sondern auch ihr Geld nicht mehr wiedersehen würden. In der Tat nahm er nacheinander verschiedene Stellungen in Deutschland an; schließlich landete er in einer Residenzstadt, die durch ihn und andere zu einem geistig-kulturellen Mittelpunkt wurden.

Wer wollte „Reformator" in Livland werden, kehrte dorthin aber nicht mehr zurück?

2. „Dumme Hausfrau mit Windeln"

„Die Erfahrung zeigt", so schrieb sie einmal, „dass es einen Schrecken, eine Aufregung ohne Ende nicht gibt, wenn man überhaupt überlebt. Auch das Furchtbarste kann Gewohnheit werden."

Das hätte auf sie selbst und ihr Schicksal bezogen sein können, aber die Sätze stehen im Zusammenhang mit der Schilderung des Lebens einer Vorfahrin, die über 200 Jahre zuvor gelebt hatte. Diese soll, als Kind von Truppen Peters des Großen aus Narva verschleppt und später an den Zarenhof gelangt, den Kopf des enthaupteten Thronfolgers Alexej wieder angenäht haben, damit dem Volk ein unversehrter Leichnam präsentiert werden konnte. Ein prächtiges Perlencollier mit einem Smaragd, das sie erhielt, soll der Lohn für diesen makabren Dienst gewesen sein.

Das Schmuckstück wurde über die Generationen vererbt, und schließlich trug es auch die Nachfahrin, um die es hier geht, voller Stolz. Und auch sonst klammerte sie sich an Relikte der Vergangenheit, an überlieferte Erinnerungen an eine baltische Heimat, die nicht die ihre war.

Ihre Mutter entstammte der Familie derer von Stackelberg, ihr Vater war reichsdeutscher Diplomat. Mit dem Ausbruch des Ersten Weltkrieges wurde er in Russland verhaftet und für anderthalb Jahre in die Peter-und-Pauls-Festung in Sankt Petersburg eingekerkert. Bei Wasser und Brot musste er es in einer winzigen Zelle aushalten. Von dieser Zeit blieb er gezeichnet. Nach dem Krieg ließ sich die Familie in Deutschland nieder.

Aber bald begab man sich auf Spurensuche in der alten Heimat. Die Tochter konnte sich später genau erinnern, wie die Eltern mit der Elfjährigen das Gut ihrer Großeltern in der Nähe von Narva aufsuchten. Es war alles zerstört. „Als das Haus bei den Kämpfen abbrannte, wurde die Scheune von dem dort beheimateten Gesindel geplündert, die gefangenen

Bolschewiken hineingesperrt und mit dem Gebäude verbrannt. Vetter Steno Stackelberg berichtete, dass er kurz darauf mit weißen Truppen vorüberritt – es habe noch nach verbrannten Menschen gerochen."

Der Hausrat war durch Plünderungen in alle Winde verstreut. Ihre Eltern machten sich daran, Bücher, Gemälde und Möbel wiederzubekommen. Da die Mutter durch Heirat deutsche Staatsbürgerin geworden war, hatte sei Anspruch auf Wiederbeschaffung. Manchmal mussten Zeugen das Eigentum der Familie an den fraglichen Gegenständen bestätigen. Das Mädchen war dabei, als die Eltern einen Aufsatzschrank mit Schnitzereien zu diesem Zweck zu einem Schreiner brachten:

„Er war alt, krank und erblindet. Ich sehe vor mir noch den Raum wie ein Biedermeierbild: der kahle Holzboden, wenig Möbel und in der Ecke einer schmalen Biedermeierbettstatt ein reizender, glattrasierter weißhaariger Mann, peinlich sauber. Als meine Mutter ihm vorgestellt wurde, richtete er sich mühsam auf, um der Baronessa die Hände zu küssen. Dann wurde das Schränkchen an sein Bett getragen, er tastete es ab, nickte und sagte: ja, ja, es habe in jenem Zimmer in der Ecke gestanden."

„Ich spürte zutiefst, dass auch dies Heimat sei", schrieb sie später – dabei war sie selbst in Süddeutschland aufgewachsen. Als sie sechzehn war, tauchte in der Garnisonsstadt, in der ihr Elternhaus stand, ein knapp sechs Jahre älterer Leutnant auf, der hier seine militärische Ausbildung weiterführte. Sie heirateten drei Jahre später. Die Ehe mit dem Berufssoldaten brachte häufige Umzüge und lange Abwesenheitszeiten des Mannes mit sich.

Eines Morgens – sie machte mit ihren inzwischen vier Kindern Urlaub bei der Familie ihres Mannes – trat ihre Schwiegermutter ins Zimmer und berichtete ihr vom gewaltsamen Tod des Ehemannes. In ihre Trauer mischte sich Angst, denn sie meinte, auch selbst in Gefahr zu sein. Ihren beiden älteren Kindern erzählte sie: „Der Papi hat sich geirrt, deshalb hat man ihn erschossen." Dabei war sie ganz und gar nicht der

Auffassung, dass er sich geirrt habe. Aber die Wahrheit konnte sie nicht einmal ihren Kindern sagen.

In der übernächsten Nacht wurde sie, die mit dem fünften Kind schwanger war, abgeholt. Ihre Strategie war, sich als „dumme kleine Hausfrau mit Kindern und Windeln und schmutziger Wäsche" darzustellen. Sie erlebte schwere Monate, und außerdem erfuhr sie vom Tod ihrer Mutter, die ebenfalls inhaftiert war. Die Mutter, die in ihrer baltischen Heimat mit drei Sprachen – Deutsch, Russisch und Französisch – aufgewachsen war, hatte an ihre Tochter ihren kosmopolitischen Geist weitergegeben, der im völligen Widerspruch zur herrschenden Lehre vom „Untermenschentum" stand.

Die Tochter hat schließlich überlebt, konnte ihr fünftes Kind gesund zur Welt bringen und auch ihre anderen Kinder wiedersehen, die zwischenzeitlich unter anderem Namen in ein Heim gebracht worden waren. Sie überlebte ihren Mann um mehr als sechzig Jahre. Wie war ihr Name?

3. Nationalheiligtum aus Moskau

Seinen Zeitgenossen blieb er in Erinnerung als ein alter weiser Mann mit weißem Bart. Er war das erste Ehrenmitglied der neu gegründeten Universität seines Landes. Nach seinem Tode im Alter von 87 Jahren erhielt er ein Staatsbegräbnis.

Er selbst blieb bis zum Ende bescheiden. „Ja, etwas habe ich in meinem Leben doch geschafft", soll er gesagt haben, als ihm Freunde einen Tag vor seinem Tod Bücher brachten, die er herausgegeben hatte. Immerhin wurde er von seinen Landsleuten als „geistiger Staatsgründer" angesehen.

Er stammte aus einfachen Verhältnissen. Da die früh verwitwete Mutter eine höhere Schulbildung nicht finanzieren konnte, kam der begabte Junge nur aufgrund einer Empfehlung auf die Academia Petrina, das Elite-Gymnasium in Mitau. Nach deren erfolgreichem Abschluss schrieb er sich in Dorpat als Student der Mathematik und Astronomie ein. Er veröffentlichte in seiner Studienzeit zahlreiche populärwissenschaftliche Aufsätze auf dem Gebiet der Himmelskunde.

Allerdings konnte er das Studium nicht beenden, da ihm das Geld fehlte. Auf Einladung zweier Freunde, mit denen er sich schon als Student kulturell-politisch betätigt hatte, ging er nach Sankt Petersburg. Mit ihnen brachte er dort eine Zeitung heraus, die ein zwiespältiges Echo fand: Die einen sahen darin eine „Erleuchtung", die anderen einen „bösen Kometen" in Gestalt eines „atheistischen, niederträchtigen Blattes". Er erinnerte sich: „Wir stachen mitten ins Hornissennest." Es kam zu immer größeren Problemen mit der Zensur, und die Gegner sorgten schließlich dafür, dass das Erscheinen der Zeitung nach wenigen Jahren eingestellt wurde.

Er musste sich eine neue Arbeit suchen und wurde als Hauslehrer bei einer adligen Familie angestellt, die auf einem Gut in der Nähe von Moskau wohnte. Als die Kinder erwachsen waren, unterrichtete er noch einmal dreizehn Jahre an einer Moskauer Mädchenschule.

In dieser Zeit begann er mit jenem Projekt, das ihn berühmt machte. Dabei arbeitete er daran beileibe nicht allein. Er war nicht einmal der Initiator gewesen. Ein Freund, den er in Moskau kennengelernt hatte, hatte ursprünglich mit dem Unternehmen begonnen und die Sache dann an ihn weitergegeben. Es gab öffentliche Aufrufe, bei dem Projekt zu helfen. Die Resonanz war gewaltig. Er stand nun in Moskau an der Spitze eines Netzwerkes mit zahlreichen Helfern und Zuträgern in der Heimat. Ein größeres Problem war die Systematisierung und Einordnung alles dessen, was gesammelt wurde. Dies bewältigt zu haben, war seine große Leistung. Als Hilfsmittel hat er dazu eine Art Datenträger konstruieren lassen.

Schließlich kehrte er in seine Heimat zurück, wo er sein Werk fortsetzte. Bald konnte er seine Ergebnisse in Buchform publizieren. Er war 31 Jahre in der Fremde gewesen, und er fand seine Heimat gewandelt vor: Angehörige des früheren Bauernvolkes hatten ein städtisches Bürgertum gebildet, und aus der Bewegung, die er einst mit wenigen Freunden angestoßen hatte, war ein breiter Strom geworden.

So hat er in seinem langen Leben eine Zeitenwende durchgemacht: Seine Eltern waren einst noch Leibeigene gewesen, und zur Zeit seiner Geburt gab es in seinem Volk keine Wissenschaftler oder Schriftsteller. Als er starb, war daraus eine Nation mit einem eigenen Staat geworden. Sein Anteil daran wird als so bedeutend eingeschätzt, dass sein „Datenspeicher", den er aus Moskau mitgebracht hatte, heute wie ein Nationalheiligtum gehütet wird. Als Tourist kann man nur einen Nachbau besichtigen. Aber auch seine naturwissenschaftliche Herkunft wurde nicht vergessen: Zu seinem 150. Geburtstag wurde nach dem einstigen Astronomiestudenten ein Planetoid benannt. Nach wem?

4. Gemeinsame Mahlzeiten und Streiche

„Theurer Jugendgenosse!" So überschrieb der 39-Jährige einen Brief an einen Freund, den er einst beim Studium kennengelernt hatte. Damals waren beide nicht nur dadurch eng verbunden gewesen, dass sie die „Mahlzeiten und Uebungen gemeinschaftlich hielten" (so schrieb der Freund), sondern auch durch gemeinsame Streiche. Als sich ein anderer junger Mann eingeschlossen hatte, um ungestört zu arbeiten, hängten sie ein Schild an seine Tür, wonach hier „zwei junge Elephanten" zu sehen seien. Das dauernde Geklingel der Neugierigen muss den Ruhesuchenden zur Verzweiflung getrieben haben.

Er hatte zunächst in Berlin ein Jurastudium begonnen, sich dann aber den Naturwissenschaften zugewandt. Seiner wissenschaftlichen Karriere, die mehrere Forschungsreisen einschloss, setzte er dann aber selbst ein Ende. In dem besagten Brief an den Studienkameraden skizzierte er seinen seitherigen Werdegang:

„Nachdem ich in einer innigen Allianz mit dem Präsidenten der Geologischen Gesellschaft von Frankreich und England – die beiläufig sich besser bewährt hat als die entsprechenden politischen Allianzen, – Rußland geognostisch durchforscht hatte und in hochmüthiger Selbstzufriedenheit auf den einsamen Pfaden der Wissenschaft nach neuen Eroberungen für den menschlichen Verstand herumjagte, wurde mir die Verpflichtung zu Theil, eine Frau glücklich zu machen, ein Landgut mit den hier zu Lande daran hängenden Regierungsverpflichtungen einträglich zu bewirthschaften, Kinder zu erziehen, ja selbst große Lümmel zu bessern."

Er hatte die Tochter eines Ministers geheiratet und von seinem Schwiegervater ein großes, aber heruntergewirtschaftetes Gut in Estland als Mitgift bekommen. Obwohl kein Geringerer als Alexander von Humboldt, einer seiner wissenschaftlichen Förderer in Berlin, ihn umzustimmen versucht hatte, zog er sich von der Wissenschaft zurück, um auf diesem Gut tätig zu sein.

„Nach hartem Kampfe", so schreibt er weiter an den Freund, „ist es mir gelungen, den stolzen Verstand zu bändigen und die Aufgaben des Herzens zu würdigen. Also meine Frau hält jetzt sehr viel von mir, meine Bauern sind unter meiner Regierung zufriedener als zuvor… Ich erziehe vortreffliche Pferde, feine Schafe, edle Schweine und mittelmäßige Rinder; steigere den Ertrag von Feldern und Wiesen durch Be- und Entwässerung, habe die Frohne abgelöset und mich zum Präsidenten des Estländischen Vereins der Landwirthe aufgeworfen… Auf den Landtagen hört man mich an, und ich sitze im Rathe der Männer in Reval. Im Kleinen habe ich auch erfahren, daß Politik dasjenige Gebiet ist, auf dem mit dem größten Aufwande von Charakter und Geist das Geringste producirt wird. Willst Du ein Land sehen, wo man ohne Büreaukratie lebt und zwar viel besser als mit studierten Juristen und Schreibern, so komme her."

Dieser Aufforderung ist der Freund einige Jahre später nachgekommen, als er beruflich in Sankt Petersburg zu tun hatte. „Die beiden Jugendfreunde", so erinnerte sich später die Tochter des Gastgebers, „machten zusammen große Spaziergänge, besuchten die Dorfleute", da es den Gast interessierte, „Land und Leute in Estland kennen zu lernen. Er richtete Fragen an die Bauern, scherzte mit ihnen, wobei mein Vater natürlich den Dolmetscher machen musste." Einen Bauern sprach er darauf an, dass der Gutsherr ihnen Häuser mit Schornsteinen gebaut habe und „sie nicht mehr in rauchigen Stuben wohnen ließe. ‚Ach Herr', antwortete der Bauer, ‚seit ich den Schornstein verstopft habe, lässt sich auch mit ihm leben.'" Diese Antwort habe „große Heiterkeit" bei dem Gast erregt, sodass er „meinen Vater mit dem Erfolge seiner Reformen" geneckt habe.

Tatsächlich hatte sich der Gutsbesitzer für Reformen im Hinblick auf eine Verbesserung der sozialen und rechtlichen Lage der Bauern eingesetzt. Denn er hatte sich nicht einfach auf sein Gut zurückgezogen, sondern bekleidete mehrere Ämter, in denen er politisch wirken konnte. Einige Jahre hatte er auch die Aufsicht über eine Institution inne, der er das „Baltisch-Provinzielle" nehmen und die er zu einer internationalen Einrichtung machen wollte. Jedoch wurde er in den Konflikt zwischen baltischen Autonomie- und russischen Vorherrschaftsbestrebungen hineingezogen. Erst sah er sich genötigt, einen Bediensteten zu entlassen, der sich russischen Ansprüchen entgegengestellt hatte. Kurz darauf legte er selbst sein Amt nieder, um dagegen zu protestieren, dass lutherische Staatsdiener gezwungen werden sollten, zu kaiserlichen Gedenktagen den russisch-orthodoxen Gottesdienst zu besuchen.

Hätte vielleicht der mächtige Freund etwas gegen die Russifizierungsbestrebungen ausrichten können? Aber der scheint daran wenig gedacht zu haben. „Kerls, wollt Ihr ewig leben?", soll er ihm, dem baltischen Edelmann, einmal zugerufen haben. Vielleicht war er auch selbst der Ansicht, dass die Deutschbalten langfristig zum Aussterben verurteilt seien, und das mit Naturnotwendigkeit – denn auch politische und soziale Vorgänge seien den Naturgesetzen, nicht zuletzt dem darwinschen Kampf ums Dasein, unterworfen. So hielt er auch die Sozialpolitik seines Freundes für „naturwidrig", gar für eine „moderne Geisteskrankheit". Dem guten Verhältnis zwischen beiden tat das aber keinen Abbruch. Noch ein Jahr vor seinem Tode besuchte er seinen „Jugendgenossen" auf dessen Alterssitz.

Wer war der Wissenschaftler und Gutsbesitzer?

5. Mütterlicher Lug und Trug

Als der „Eurovision Song Contest", der europäische Liederwettbewerb, in seiner Geburtsstadt Tallinn stattfand, wurde er von der „Süddeutschen Zeitung" interviewt. Er erzählte von der Bedeutung des Gesangs für die Esten und einer Besichtigung der großen Konzertmuschel, in der „laut Reiseführerin ein dreißigtausendköpfiger Chor Platz hätte", und vom Besuch einer „folkloristischen Veranstaltung" in einem Museumsdorf, bei der „wir Gäste unvorbereitet in einen estnischen Reigentanz eingefädelt" wurden: „Ich habe die Esten also nicht nur singen hören, die Esten haben mich im Gegenzug auch tanzen sehen. Selber schuld."

Und er vergaß auch nicht, die Verdienste zu erwähnen, die sich sein Großvater mütterlicherseits als Verleger für das estnische Liedgut erworben hatte: Dieser hatte die erste Ausgabe des Nationalepos „Kalevipoeg" herausgegeben.

Auf andere Art verdient gemacht hatte ich seine Mutter, als es darum ging, ihn und seine Brüder in den Kriegs- und Nachkriegswirren durchzubringen. Das ging nicht ohne Lug und Trug ab.

Als er nicht einmal zwei Jahre alt war, kam die Umsiedlung nach Posen, wo seine beiden jüngeren Brüder geboren wurden. Der Vater wurde eingezogen, und während die Familie im Januar 1945 zur Flucht aufbrach, musste der Vater in der zur Festung erklärten Stadt bleiben und fiel in den letzten Kriegswochen. Die Mutter landete mit den Söhnen nach Stationen in Berlin, Thüringen und einem Waldhaus bei Hannover schließlich in Göttingen.

Ein halbes Jahrhundert später saß er als Ehrengast mit seiner Mutter und dem Oberbürgermeister im Ratskeller der Universitätsstadt und hörte seine Mutter sagen: „Nach dem Krieg habe ich so lügen müssen, um nach Göttingen reinzukommen, und jetzt sitze ich am Tisch des Oberbürgermeisters der Stadt."

„Als meine Mutter diesen Satz sprach, in jenem breiten Baltisch, das sie niemals zu verleugnen gelernt hat, war sie vierundneunzig Jahre alt und seit dreiundfünfzig Jahren in Göttingen ansässig. Und als ich diesen Satz hörte, war mir urplötzlich bewusst, dass ich sie ebenso lange nie danach befragt hatte, welche Schwierigkeiten sie überwinden musste, um in Göttingen Fuß zu fassen."

Nach dem Krieg war die Familie dort bei einer Schwester der Mutter untergekommen. Um eine Zuzugsgenehmigung zu erhalten, musste die Mutter ein Arbeitsverhältnis vorweisen. Sie ließ sich pro forma als Hausgehilfin bei entfernten Verwandten einstellen. So wurde ihr der Zuzug gewährt, aber nur mit einem Kind. Sie schützte vor, von den anderen Söhnen sei der eine im Kinderheim, der andere bei entfernten Verwandten untergebracht.

1947 konnte die Familie schließlich in eine zugeteilte Wohnung ziehen. Aber die Flunkereien der Mutter gingen weiter: „Um die überlebensnotwendigen Lebensmittelkarten zu ergattern, musste meine Mutter das erdichtete Kinderheim ebenso schließen lassen, wie sie den fabulierten Verwandten einen Umzug in eine weite entfernte Stadt andichtete."

Die Küche musste die Mutter mit der Vermieterin teilen, „einer nicht bösen, aber borniertten Frau, die nicht müde wurde, der Frage nachzugehen, warum nicht wenigstens die drei Russenjungen in Russland geblieben wären."

Die Mutter ging noch einmal ein fiktives Anstellungsverhältnis ein – und zwar als Sekretärin bei einem befreundeten Arzt, um so in die Krankenkasse zu kommen. Völlig korrekt hingegen war die Inanspruchnahme eines Versorgungsanspruches für Richter und deren Angehörige – der Vater war in Reval als Rechtsanwalt tätig gewesen und hatte sich zum Richter umschulen lassen, konnte diesen Beruf aber wegen des Krieges nicht mehr ausüben.

Als der Sohn diese Erzählungen seiner Mutter am Tisch des Oberbürgermeisters hörte, wurde ihm „immer deutlicher, was sich da vor mehr als fünfzig Jahren in unserem Lande abgespielt hatte – ein Vielfrontenkampf: Einheimische gegen Flüchtlinge, Westdeutsche gegen Ostdeutsche, Begüterte gegen Habenichtse, Gerettete gegen Schiffbrüchige, Ämter gegen alle und alle gegen Ämter."

Der Anlass dieses Essens im Ratskeller, bei dem die Mutter ihre Nachkriegserinnerungen vorbrachte, war die Eröffnung einer Ausstellung von Zeichnungen des Sohnes. Das Zeichnen war indes nur eine der Begabungen, die ihn bekannt machten. Die andere war der Umgang mit Sprache und Dichtung. So wurde er im eingangs erwähnten Interview nicht nur nach Schlagertexten befragt, sondern sollte auch Reime improvisieren. Zu einem berühmten Kollegen aus dem baltischen Nachbarland fiel ihm ein: Er selbst kommt aus Reval, der andere aus Riga. „Sie dichten beide, allerdings nicht in der gleichen Liga."

Nicht in der gleichen Liga? Es gibt Bücher, die Werke von beiden in sich vereinigen. Und wenn man es buchstäblich betrachtet, ist der andere auch in ihm enthalten. In wem?

6. Märchenhafter Aufstieg

Ihre Herkunft und ihre Kindheit liegen weitgehend im Dunkeln. Das kommt nicht von ungefähr, sondern liegt daran, dass nach ihrem Tode gezielt Dokumente vernichtet wurden, um ihre Herkunft zu verschleiern. Darüber, wann und wo sie geboren wurde, gibt es ebenso verschiedene Versionen wie über die Frage, wer ihre Eltern waren.

Wahrscheinlich war sie die Tochter eines Bauern, der sich in Livland niedergelassen hatte. Noch im frühen Kindesalter verlor sie beide Eltern. Die zurückgebliebenen Kinder wurden auf verschiedene Familien aufgeteilt. Sie wurde in einem Pastorenhaushalt großgezogen. Die Pastorenfrau soll anfangs wenig begeistert über diesen „Familienzuwachs" gewesen sein. Das Mädchen wurde daher wohl eher als Dienstmagd denn als Familienangehörige behandelt. Obwohl sie nun in einem gebildeten Hause aufwuchs und der Ziehvater selbst Schulen gegründet hatte, wurde für ihre Bildung nur wenig gesorgt – sie konnte auch später als Erwachsene nicht lesen und schreiben.

Dafür erwartete man, dass das Mädchen Wäsche wusch, Brot backte und die anderen Kinder beaufsichtigte. Als sie zu einer blühenden Schönheit herangewachsen war, wurde ihr nahegelegt, sich mit einem Dragoner zu verloben, der in einem Regiment in der Nachbarschaft diente und ein Auge auf sie geworfen hatte. Es kam wohl auch zur Heirat mit der Siebzehn- oder Achtzehnjährigen, jedoch endete die Ehe schon acht Tage später abrupt, weil der Ehemann aufgrund eines heranrückenden Feindes plötzlich versetzt wurde. Sie dürfte ihn nie wieder gesehen haben.

Als die Invasoren, die eine Strategie der verbrannten Erde verfolgten, den Ort erreichten, verschanzten sich die Verteidiger in einer Festung, in die auch die Zivilbevölkerung Zuflucht nahm. Nach mehrtägiger Belagerung wurde die weiße Flagge gehisst, aber den verteidigenden Soldaten gelang es, die Burg durch Entzünden des darin befindlichen Pulvers in die Luft zu sprengen. Bei der Explosion kamen sie und einige Einwohner ums Leben.

Die Überlebenden wurden gefangen genommen und verschleppt. Der Pastor kam in die Hauptstadt des angreifenden Landes, um dort als Übersetzer zu arbeiten. Die Pflegetochter wurde zunächst für einige Monate Hausangestellte beim Befehlshaber der Truppe, die den Ort eingenommen hatte. Darauf wechselte sie in den Haushalt eines anderen Mannes, der wie sie aus einfachen Verhältnissen stammte, aber als Heerführer erfolgreich war und später zum Fürsten geadelt werden sollte.

In seinem Hause erschien eines Tages ein 31-jähriger Jugendfreund des Hausherrn, der mehrere Wochen blieb. Dieser Freund machte sie zu seiner Geliebten. In den folgenden Jahren brachte sie mehrere Kinder zu Welt. Von einer Hochzeit wurde allerdings mit Rücksicht auf konservative Kreise zunächst Abstand genommen. Bestand nicht eigentlich noch die Ehe mit seiner ersten Frau, auch wenn er sie, die er nie geliebt hatte, längst verstoßen und ins Kloster abgeschoben hatte? Außerdem war die neue Partnerin alles andere als standesgemäß.

Schließlich setzte man sich über die Bedenken hinweg. Die Trauung fand jedoch im kleinsten Kreis statt und wurde vor der Öffentlichkeit geheim gehalten. Erst einige Jahre später – inzwischen war weiterer Nachwuchs gekommen – wurde die Hochzeitsfeier mit großem Pomp nachgeholt. Insgesamt bekam sie zwölf Kinder, von denen aber nur zwei Töchter das Erwachsenenalter erreichten.

Der Aufstieg, den das einstige Waisenkind geschafft hatte, war unvergleichlich. Sie war die Gefährtin ihres Mannes auf Feldzügen und Auslandsreisen. Sie war in der Lage, mit seiner erstaunlichen Tatkraft und Dynamik mitzuhalten, aber bei seinen berüchtigten Wutanfällen konnte sie stets beruhigend auf ihn einwirken. Er ließ Schlösser für sie errichten, von denen eines ihren Namen erhielt.

Bevor er mit 52 Jahren starb, hatte er dafür gesorgt, dass sie seine Nachfolge antreten solle. Nach seinem Tode stand sie somit an der Spitze jenes Reiches, dessen Angehörige sie einst als Kriegsbeute verschleppt hatten. Indes vergaß sie ihre Herkunft nicht. Ihren Bruder, der bis dahin als Stallknecht in Kurland gedient hatte, ließ sie in die Hauptstadt kommen und erhob ihn zum Grafen. Lange währte ihre Herrschaft jedoch nicht. Nach zwei Jahren und drei Monaten folgte sie ihrem Mann, nicht einmal 45 Jahre alt.

Wer war sie – und wer ihr Mann?

7. „Aufsehenerregender Fremdling"

„Ich ... bin 18 Jahre alt und Primaner der Ritter- und Domschule in Reval. Vor zwei Jahren entschloss ich mich zum Studium der Theologie... Allmählich aber ... bekam ich eine Sehnsucht danach, dem Herrn ... praktisch zu dienen... Ich sehnte mich nach einem großen heiligen Zweck, in dessen Dienst mein Einzelleben untergehen würde, denn bis jetzt war ich mir Selbstzweck."

Mit diesen Worten bewarb sich der junge Mann um eine Ausbildung in der Missionsanstalt von Basel. Er wurde genommen und verließ damit seine estländische Heimat, in der er aufgewachsen war: als Sohn eines Arztes in einem Städtchen „mit kleinen Holzhäusern, schlecht gepflasterten Straßen, einem mit Gras bewachsenen Marktplatz, vielen Gärten und lieblicher, ländlicher Umgebung", deren „schönster Schmuck" eine „prachtvolle Ruine" war, „aus der Zeit der Ordensritter stammend". So erinnerte sich seine Kusine, die in der Jugend ihre Ferien dort verbrachte.

Er also ließ sich in Basel zum Missionar ausbilden. Anschließend ging er nach Indien, musste aber nach vier Jahren zurückkehren, da er das tropische Klima nicht vertrug. Er ließ sich in einer süddeutschen Kleinstadt nieder, um für den Verlag der Basler Missionsstation tätig zu werden. Dort war er – so später seine Tochter – als Balte ein „Fremdling, der Aufsehen erregte", und nur bei der Familie des Verlagsleiters fühlte er sich zu Hause. Nach einem Jahr heiratete er dessen Tochter, die selbst ihre ersten Lebensjahre in Indien verbracht hatte.

Im übernächsten Jahr verbrachte das Paar den Sommer in seinem Elternhaus in Estland, sodass seine Frau seine baltische Heimat kennenlernen konnte. In einem Brief an ihren Bruder schildert sie ihre Eindrücke, etwa von ihrem Schwiegervater: „Er ist ein wahres Prachtstück und Original, ein kleiner, lebhafter, frischer Mann von vierundsiebzig Jahren... Wenn er morgens Andacht hält, weiß man oft nicht, ob er liest oder redet oder betet, es fließt so ganz einfach und natürlich eins ins andere über... Das Haus ist sehr geräumig, hat auch ein oberes Zimmer, in dem die Brüder in den Ferien hausen. Das Leben hier erinnert mich in vielem an Indien, vor allem die Dienerschaft, die eine andere Sprache spricht und einem andern Volksstamm angehört. Man hat viele Dienstboten, lauter Esten."

Sie kommt auch auf das Essen zu sprechen: „Denke Dir eine zuckersüße Krebssuppe! Denke Dir, dass man zur gestandenen Milch Zucker, Zimt und süßen Rahm tut! Denke Dir, dass man vor oder neben der süßen Suppe auf einem Nebentellerchen Heringe und Käs nascht! Dass man den Salat mit süßem Rahm und Zucker anmacht und dergleichen mehr. Herrlich ist's, dass man hier so viel Erdbeeren und Himbeeren kriegt. Man verspeist sie tellerweise mit Zucker und Rahm, ganz ausgezeichnet."

Mit auf der Reise war die einjährige Tochter Adele, die besonders davon angetan war, dass die Kühe abends von der Weide in ihre Behausungen getrieben wurden: „Das ist unsres Adelchens Wonnestunde, in unbeschreiblicher Erregung begrüßt sie jubelnd das liebe Vieh und will nicht ins Haus, bis alle die vielen Kühe in ihren verschiedenen Ställen verschwunden sind."

Ein Jahr nach dieser Reise wurde das zweite Kind geboren, ein Sohn, der den Eltern noch einigen Kummer bereiten sollte. Als begabter Schüler hatte er die Möglichkeit, ein evangelisch-theologisches Seminar zu besuchen. Eines Tages, noch nicht fünfzehn Jahre alt, floh er aus diesem Internat und wurde erst am nächsten Tag gefunden. Danach kehrte er zwar an die Schule zurück, wurde aber nach Verhaltensauffälligkeiten in ein Sanatorium gebracht. Dort drohte er mit Selbstmord, nachdem er sich einen Revolver besorgt hatte. Darauf steckte man den Jungen in eine Nervenheilanstalt, wo seine Pubertätskrise in einen heftigen Konflikt mit dem Vater kulminierte.

Mit viel Geduld und Verständnis konnten die Eltern schließlich dazu beitragen, dass der Sohn seine Krise überwinden konnte. Ein Forscher kommentierte später, der Sohn habe „genau die Kindheit gehabt, die er brauchte, um der werden zu können, der er geworden ist. Er hatte genau die Eltern gehabt, die dafür nötig waren. Er hätte ihnen dankbar sein müssen dafür – und ist das ja schließlich auch geworden."

Die Heimat des Vaters hat der Sohn nie gesehen. Aber dass der Vater an ihr hing, hinterließ auch beim Sohn Spuren: „Vor allem war es seine Kindheit in Estland, das Leben in seinem Vaterhaus und auf den Landgütern, mit Reisen und Planwagen und Besuchen an der See, wovon er uns nicht genug erzählen konnte... Einiges von jenem baltischen Leben und seinen Gebräuchen hatte der Vater auch hier einführen können, es gab bei uns Worte wie Marulla, es gab einen Samowar, ein Bild des Zaren Alexander, und es gab einige aus des Vaters Heimat stammende Spiele, die er uns gelehrt hatte, vor allem das österliche Eierrollen." Und: Es waren „die Erzählungen vom Vaterhaus, ... von den Festen und Reisen, in denen der Vater nicht nur sich selber des Geliebten und Entbehrten wieder erinnerte, sondern auch in uns Kindern ein kleines Estland anbaute und die ihm teuren Bilder auch in unsere Seelen senkte."

Als der Sohn den Nobelpreis erhielt, war der Vater bereits dreißig Jahre tot. Wie war sein Name?

8. „Ich habe keine Tränen mehr"

Die Ankunft des Mannes, der angeblich geisteskrank war, war etwa vierzehn Tage zuvor angekündigt worden. An einem Dezembertag hielt ein Krankenwagen vor der psychiatrischen Klinik des kleinen Ortes, und ihm entstieg ein alter, abgemagerter Mann. Er hatte eine weite Reise hinter sich und wurde in ein Zimmer mit verhängten Fenstern gebracht. Einige Krankenschwestern erkannten in ihm den Mann, der vor vielen Jahren eine wichtige Rolle im Lande gespielt hatte, der aber dann plötzlich verschwunden war und von dem man nichts mehr gehört hatte.

Das Personal befand den Achtzigjährigen für stark geschwächt, zeitweise depressiv, aber doch im Besitz seines Orientierungsvermögens. Merkwürdig war es nur, wenn er verlangte, an seinen alten Arbeitsplatz zurückkehren zu können.

Über den Besuch musste strenges Stillschweigen bewahrt werden. Freunde und Verwandte durften nicht zu ihm. Aber dennoch verbreitete sich die Nachricht von seiner Anwesenheit im Ort. Ein alter Bauer meldete sich und bot an, ihn bei sich zur Pflege aufzunehmen. Jedoch erschienen nach elf Tagen Männer, die den „Patienten" wieder abholten. Er bekam Verpflegung und warme Kleidung mit, darunter ein Paar Handschuhe, die ihm ein Arzt geschenkt hatte. Niemand erfuhr, wohin er wieder verschwand. In seine Krankenpapiere musste ein falscher Name eingetragen werden. Das Personal erhielt Anweisung, auf Anfrage zu antworten, der ehemals wichtige Mann sei niemals in der Klinik gewesen.

Vierzehn Jahre zuvor hatte er mit seinem jüngeren Sohn und dessen Familie seine Heimat verlassen müssen. Als sein Enkel ihn damals fragte: „Großvater, warum weinst du nicht auch?", gab er zur Antwort, er habe schon so viele Tränen für sein Volk vergossen: „Ich habe keine mehr."

Nicht nur mit Tränen hatte er für sein Eintreten für sein Volk bezahlen müssen, sondern zeitweilig auch mit seiner Freiheit und einmal fast mit seinem Leben: Mit Anfang dreißig sollte er wegen revolutionärer Tätigkeit verhaftet werden. Zufällig erfuhr er davon und konnte in die Schweiz fliehen. Dort las er in einer Zeitung, dass er mit seinem Gefährten aufgrund falscher Anschuldigungen zum Tode verurteilt worden sei. Als das Leben in der Schweiz zu teuer wurde, übersiedelte er nach Finnland. Nach vier Jahren im Exil konnte er schließlich zurückkehren, musste aber dann neun Monate Festungshaft absitzen. Sieben Jahre später war er scheinbar am Ziel. Tatsächlich hatte er es aber dann mit einer Besatzungsmacht zu tun, die andere Interessen verfolgte. Er kam mit ihr in Konflikt und wurde abermals in Haft genommen, bis fünf Monate später die Besatzung beendet wurde.

Trotz dieser Erfahrungen war er auf Ausgleich bedacht und radikalen Lösungen, zu denen Mitstreiter tendierten, stets abgeneigt. Das galt insbesondere für sein Verhältnis zu den Minderheiten des Landes: „Unsere nationalen Minderheiten", sagte er, „sind Teile von großen Völkern, mit denen wir ein gutes Auskommen haben müssen." Insbesondere mit zwei Mächten hatte er es im Laufe seines politischen Kampfes zu tun gehabt. Das Verhängnis kam, als am Ende die eine Macht sein Volk der Willkür der anderen Macht überließ.

Er verschwand damit aus dem öffentlichen Leben, und abgesehen vom eingangs erwähnten gespenstischen Auftritt in der Kleinstadt war sein Verbleib unbekannt. Erst rund zwanzig Jahre nach seinem Tode tauchten Briefe in der Öffentlichkeit auf, die mit seiner Unterschrift und in der Ecke mit seinem Fingerabdruck versehen sind. Darin prangert er die „grobe Verfälschung des internationalen Rechts" an und die Tatsache, dass er „ohne Gerichtsurteil und ohne jegliche Anklage" gefangen gehalten werde. Und er fährt fort:

„Als Folge meines Greisenalters und der unbeschreiblich schweren Lebensumstände hat sich meine Gesundheit hier sehr verschlechtert. Es ist schwer zu schildern, wie man hier

Gewalt gegen mich angewandt hat. Man hat mir alles fortgenommen, was ich an eigenen Dingen bei mir hatte, man verbot mir sogar, meinen Namen zu gebrauchen. Hier bin ich nur die Nummer 12. Ich habe zu meinem Schutz nicht einmal die Hilfe, wie sie anderswo von Tierschutzvereinen geboten wird. Ich bin jetzt fast 80 Jahre alt. Es bleiben mir noch wenige Lebenstage übrig… Dabei bin ich noch immer der Präsident… und habe das Recht… auch eine entsprechende Behandlung zu erwarten…"

Von wem stammen die anklagenden Briefe?

9. Große Kunst im Scheidungsparadies

„Riga", so war es 1932 in einer deutschen Zeitung zu lesen, „wird dank der Großzügigkeit der lettländischen Gesetze als neues Scheidungsdorado immer bekannter und beliebter. Ständig wächst auch die Zahl der Prominenten aller Länder, die sich in Riga drückender Ehefesseln entledigen wollen." Und es werden Beispiele genannt: Der Herausgeber der „Washington Post", eine „Dollarprinzessin" und eine Tennismeisterin würden gerade „sehr diskret in Scheidungsangelegenheiten in Riga weilen".

Auch der Komponist Eugen d'Albert wird erwähnt, der in der baltischen Metropole seiner sechsten Ehe ein Ende setzen wollte. Dieser starb allerdings wenige Wochen nach Erscheinen des Artikels, ohne dass der Prozess zu einem Abschluss gekommen wäre.

Den „eigentlichen Reigen prominenter Ausländerscheidungen" habe jedoch ein anderer Künstler eröffnet. Er hatte sich für einige Zeit in einer Villa am Rigaer Strand einquartiert, um sich gegen den Willen seiner Frau scheiden zu lassen. Schon fünfzehn Jahre zuvor hatte er eine andere Frau, Helene, kennengelernt und wollte diese heiraten. Aber auch als er längst aus der gemeinsamen Wohnung ausgezogen war, lehnte seine Frau die Scheidung hartnäckig ab, denn sie wollte weiterhin als Gattin an seinem Ruhm teilhaben, da sie ihn beruflich unterstützt habe.

Eine Scheidung in Deutschland war daher nicht möglich. Auch in der Tschechoslowakei hatte er kein Glück. Also versuchte es der inzwischen 58-Jährige im Scheidungsparadies an der Ostsee.

Ungewohnt für ihn und die mitreisende Geliebte waren die hellen Nächte im Sommer: „Man versucht", so erinnert sich Helena, „das Fenster zu verdunkeln und sich ‚Nacht' vorzustellen, aber das ist sehr schwer. Wir haben schlecht geschlafen, sind nächtelang durch die Straßen und über die Plätze gelaufen und haben uns die russischen Kirchen und andere merkwürdige Bauwerke angeschaut."

Merkwürdiges hatte Helene auch vom Strand zu berichten: „Die Badestrände von Riga waren an gewissen Tagen nur für Männer freigegeben, an anderen nur für Frauen. Nun waren damals Badeanzüge offenbar noch nicht sehr bekannt – oder zu teuer. Jedenfalls hatten die meisten Frauen beim Baden ihre weißen Nachthemden an, knöchellang, also offenbar besonders züchtig gemeint. Aber als sie aus dem Wasser kamen, mit angeklatschten Hemden, sahen die Damen von Riga natürlich schlimmer aus als nackt…"

Auch in Lettland mussten er und Helena zeitweilig getrennte Wege gehen. Daran war aber weder die Strandordnung noch seine Ehefrau schuld, sondern ein Verehrer seiner Künste: „Eines Tages kam per Luftfracht eine Kiste mit zwei jungen Doggen für uns, Geschenk eines reichen Mannes, dessen Hobby es war, Künstlern ausgefallene Geschenke zu machen." Sie vertrugen sich absolut nicht mit ihrem Scotchterrier: Die Doggen „waren so wild, dass man sie nur getrennt ausführen konnte", erzählt Helena. So ging er „mit den Doggen strandabwärts, ich mit dem Scotty strandaufwärts. Seit diese Doggen da waren, konnten wir in Riga nicht mehr zusammen spazieren gehen."

Immerhin hat in Riga die Scheidung von seiner Frau geklappt: „Rechtsgültig, wie uns versichert wurde, auch nach deutschem Recht gültig." Jedoch sagte man ihnen später, „die lettische Scheidung werde in machen Ländern, darunter auch in den USA, nicht anerkannt werden. Falls wir uns in diesen Ländern aufhielten, müssten wir damit rechnen, als Bigamisten verhaftet zu werden."

Da er sich beruflich häufig in den Vereinigten Staaten aufhielt, waren also noch „weitere vier Jahre Anwälte und Schriftwechsel" nötig, bis die Scheidung endgültig in Reno, Nevada, vollzogen wurde und er Helene heiraten konnte. (Inzwischen hatte er als Jude Deutschland verlassen müssen. Später ließen er und Helene sich endgültig in den USA nieder.)

Neben dem Ehekrieg beschäftigte er sich in Riga auch mit Dingen, die für alle Beteiligten erfreulich waren. Denn er übte auch seinen künstlerischen Beruf aus. Und das überaus erfolgreich. Die „Rigasche Rundschau" schwärmte am 8. März 1932 von seiner Leistung, die „für sich allein steht, die für ihn sprechen, für ihn zeugen kann. Die alle kümmerliche Streitsucht im Keime erstickt. Seine Leistung, die einzig, die unerreicht ist. Die keiner ihm nachmacht." Die „etwas abgestandene, etwas schal gewordene Atmosphäre", die die Institution erfüllt habe, sei „über Nacht und spurlos verschwunden." Er habe „die Fenster weit aufgerissen. Und nun strömt, nun flutet es hell und klar in den Raum und mit dem neuen frischen Windzug sind gleichsam auch alle guten Geister zu neuem gesteigerten Leben wieder erwacht..."

Wer wurde so überschwänglich gelobt?

10. Sorgen um die Werke

Einen der dramatischsten Momente in ihrem Leben hatte sie als Achtzigjährige. Es klingelte an der Tür, sie öffnete arglos, da sie einen Besucher erwartete – vor der Tür stand aber ein Räuber. Er war mit einer Pistole bewaffnet, die sich später allerdings als Spielzeug herausstellte, drängte sie ins Wohnzimmer zurück und verlangte ihren Geldbeutel. Der Verbrecher stieß schließlich die alte Frau die Kellertreppe hinunter, ließ sie gefesselt und geknebelt unten liegen und entkam mit etwas erbeutetem Bargeld. Erst nach Stunden wurde sie von Nachbarn entdeckt und aus ihrer Lage befreit.

Dass sie sich vom Überfall so schnell erholen konnte, erschien vielen als ein Wunder. Auch zur Aufklärung des Falles konnte sie dank ihres künstlerischen Talentes beitragen: Aus dem Gedächtnis fertigte sie eine Zeichnung des Täters an, mit deren Hilfe dieser überführt und verurteilt werden konnte.

Die Ausübung ihrer Kunst hatte ihr vor allem in den letzten Jahren zahlreiche Ehrungen eingebracht, und sie dachte auch trotz ihres hohen Alters jetzt nicht daran aufzuhören. So dachte sie im Augenblick der Todesangst vor allem an die Werke, die sie zu schaffen noch vorhatte – und auch an jene, die sie in ihrer Wohnung hatte und die der Täter zum Glück unangetastet ließ.

In der Stadt, in der der Überfall geschehen war, lebte sie zu dieser Zeit schon über ein halbes Jahrhundert. Als sie sich in jungen Jahren dort niedergelassen hatte, galt sie bei den Einheimischen als „Russin" – sie entstammte einer deutschbaltischen Gutsbesitzerfamilie in Livland. Dort, in einer Landschaft, in der man Bären und Wölfen begegnen konnte, stand der alte Herrensitz, in dem sie mit zehn Geschwistern und einigen Vettern und Kusinen aufwuchs. Schon früh hielt sie die Gegend um die Düna in Aquarellen fest. Mit zwanzig besuchte sie eine Malschule in Riga – so weit nichts Ungewöhnliches, denn Töchter aus gutem Hause überbrückten die

Zeit bis zur Ehe häufig, indem sie sich amateurhaft mit Kunst oder Musik beschäftigten. Auch eine Bildungsreise zu den klassischen Kunststätten in Italien fiel nicht aus dem Rahmen.

Aber dass sie sich dann entschloss, die Schülerin eines Malers zu werden und ihm nach Bayern zu folgen, rief dann doch den Widerspruch der Eltern hervor. Sie verbrachte fünf Monate bei dem Maler, aber dann musste sie in die Heimat zurückkehren. Nach einigen Auseinandersetzungen mit den Eltern setzte sich schließlich durch. Sie kehrte zum Maler zurück, wurde seine Assistentin und hatte schließlich ihre eigenen Ausstellungen.

Der Lehrmeister starb 1934. In dieser Zeit wurde ihre Kunst als „entartet" verfemt und durfte nicht ausgestellt werden. Es gab daher nichts mehr, was sie noch in Deutschland hielt. Sie machte Reisen nach Norwegen, Frankreich, Italien und die Türkei und besuchte auch ihre baltische Heimat. Mit Beginn des Zweiten Weltkrieges musste sie diese aber fluchtartig verlassen und dabei Kunstwerke zurücklassen. Zu diesen gehörte auch ein Wandbild in einer großen Halle eines bei Riga gelegenen Gutshauses, das sie für ihren Bruder geschaffen hatte. Es verband in für sie typische Weise gegenständliche mit abstrakten Elementen. Das Haus wurde im Krieg zerstört, und vom Gemälde existiert nicht einmal mehr eine Fotografie.

Ein noch größerer Verlust aber war die Zerstörung ihres Ateliers in Deutschland bei einem Bombenangriff 1944, bei dem ein bedeutender Teil ihres Lebenswerkes vernichtet wurde. Kein Wunder, dass noch die alte Frau angesichts des Räubers in ihrer Wohnung sich Sorgen um ihre Werke machte. Aber sie ließ sich von Schicksalsschlägen nicht unterkriegen, blieb bis zum Ende künstlerisch aktiv und hinterließ bei ihrem Tod im Alter von neunzig Jahren ein umfangreiches Œuvre.

Wer war die Künstlerin?

11. „Leben im Durcheinander"

Seine früheste Erinnerung war ein Umzug. Seine Eltern zogen von einem Ende der kleinen Garnisonsstadt, in der er geboren war, in die andere. Er erinnerte sich noch an den Möbelwagen, der wegen des Kopfsteinpflasters so langsam fahren musste, dass seine Mutter und er, die zu Fuß gingen, ihn hinter sich ließen.

Es sollte nicht sein letzter Umzug bleiben. Noch vierzehnmal wechselte er seinen Wohnort, und das war durchaus nicht immer freiwillig. Hinzu kamen noch mehrere Wechsel der Staatsbürgerschaften. „Jede Flucht bedeutet so etwas wie einen Identitätsverlust, eine Art Tod im allzu jähen Wechsel des Lebensbereichs, in dem man sich mit einem Mal nicht mehr zu spiegeln und damit auch nicht mehr zu erkennen vermag" – die Äußerung gründete sich auf mehrfache leidvolle Erfahrung.

Durchaus freiwillig hingegen war der Umzug, den er mit Anfang zwanzig vollzog. Nachdem er im Osten des Deutschen Reiches aufgewachsen war, in verschiedenen deutschen Städten gelebt, sich für zwei Jahre auf eine dänische Insel zurückgezogen hatte und schließlich als Matrose zur See gefahren war, lernte er in Berlin eine junge Deutschbaltin kennen, machte ihr noch am selben Tag einen Heiratsantrag und folgte ihr nach Reval, wo sie einst die Höhere Töchterschule auf dem Domberg besucht hatte. Hier fand er eine neue Heimat:

„Hannover, Herford, Stuttgart, die Städte, in denen ich später gelebt habe, waren Städte, deren es viele gibt und in denen Hunderttausende ohne mich wohnen mögen. Erst der Norden, das abseitigste Stück Dänemarks…, gaben wieder einen Klang auf der Saite meines Lebens, und in Estland fand ich alles wieder: Norden und Osten, eine meiner ‚Heimat' im herkömmlichen Sinne täuschend ähnliche Welt, in der mir dann im Laufe eines Jahrzehnts alles nur täuschend Ähnliche mit dem stillen, unmerklichen Prozess eigenen Lebens, wie es einem gegen die Mitte der Lebensjahre hin zuwächst, zur

Wahrheit und Gleichheit und zur vollen Identität zwischen Mensch und Welt werden sollte."

Jedoch war die Bleibe in Estland bedroht. Die Umsiedlung infolge des Hitler-Stalin-Paktes lehnte er noch als eine „Flucht erster Klasse" ab und blieb mit seiner Familie. Dann aber wurde er von den Kriegsereignissen eingeholt. Als die Russen Estland besetzten, glaubten sie, in seinem Arbeitszimmer „das Hirn der Spionage gegen die Sowjetunion gefunden zu haben", wie er später erzählte. Denn es war „wie ein Generalstabszimmer ausgefüllt mit Karten". Jedoch stammten diese Karten aus dem 18. Jahrhundert, waren also „für den Aufmarsch einer modernen Armee gegen die Sowjetunion wohl kaum noch zuständig". Die Nationalsozialisten hielten ihn hingegen „eine Zeit lang für einen sowjetischen Spion", die Engländer feierten ihn „an ein und demselben Tag als einen Märtyrer des Widerstands und beschmähten mich als Gestapoagenten".

Schließlich wich er vor dem sowjetischen Geheimdienst nach Finnland aus. 1943 kehrte er besuchsweise ins inzwischen von Deutschen besetzte Estland zurück – als Korrespondent zusammen mit finnischen Journalisten. Die Reise war arrangiert worden, um ihnen die Spuren sowjetischer Gräueltaten vor Augen zu führen. Er aber wurde dort Augenzeuge furchtbarer Judenverfolgungen und wandte sich vom Nationalsozialismus ab.

Zunehmend geriet er zwischen die Fronten der totalitären Systeme. 1944 wurde er schließlich vor dem Volksgerichtshof angeklagt, im Frühjahr „es unternommen zu haben, sich der Erfüllung des Wehrdienstes zu entziehen und zugleich während eines Krieges gegen das Reich den Feindmächten Vorschub zu leisten." Im Dezember wurde er in Abwesenheit zum Tode verurteilt. Zum Glück war er, inzwischen mit der finnischen Staatsbürgerschaft ausgestattet, für die Schergen des Naziregimes nicht erreichbar. Aber dennoch war Finnland für ihn kein sicheres Pflaster. Die Russen verlangten seine Auslieferung. In einer Nacht- und Nebelaktion floh er in einem Fischerboot nach Schweden.

Hier schlug er sich zunächst als Holzfäller durch und war doch weiterhin bedroht: Noch nach Kriegsende lieferte Schweden rund dreitausend Personen, die aus dem Baltikum geflüchtet waren, an die Sowjetunion aus. Er selbst entging diesem Verhängnis, da er Schweden mithilfe zweier Freunde 1947 verlassen konnte.

Das Schicksal des Baltikums, in dem er „ein ganzes Jahrzehnt eigenen und eigensten Lebens" verbracht hatte, ließ ihn jedoch nicht los. In Rundfunkansprachen und Artikeln richtete er Appelle an die freien Völker: „Vergesst uns nicht! Auch wir sind Europa! Wem lege ich heute diese Mahnung gegen die um sich greifende Vergesslichkeit und dieses so stolze Bekenntnis in den Mund? Drei Völkern im Nordosten Europas, drei jetzt im Würgegriff einer uneuropäischen Faust verstummten Völkern... Drei Völker, in deren Leiden wir mitleiden. Drei Völker, in deren Ausrottung Europa mit ausgerottet wird."

Er setzte sich so für das Baltikum ein, obwohl er sich nicht für einen baltischen Autor hielt – nach seiner Herkunft es ja auch nicht war. „Ich bin durch meine Geburt an der Grenze von Nationen, Konfessionen, Nationalitäten, Sprachen und was alles es sonst auf der Welt gibt, das die Menschen unterscheidet, dazu bestimmt, immer in der ‚Mitte-zwischen', im Nebeneinander und Durcheinander zu leben, und habe mir aus diesem Leben im Durcheinander unserer heutigen Welt meinen Standpunkt gewinnen müssen..."

Wer war der nicht-baltische Schriftsteller, dessen Romane häufig baltische Schauplätze haben?

12. Acht Falken für den König

Seinem Vater war an guten Beziehungen zu England gelegen. Als er auf die Welt kam, nannte der Vater ihn nach dem englischen König und versuchte diesen als Taufpaten zu gewinnen. Wohl im Zusammenhang mit der Einladung zur Taufe hatte er ihm sogar acht Falken als Geschenk gesandt. Aber es nützte nichts, der König schlug die Patenschaft aus. Das Unglück wollte es noch, dass der Knabe ohne Mutter aufwachsen musste, da sie nach seiner Geburt verstarb. Und sein Vater schickte den kleinen Jungen an den Hof seiner Schwiegereltern, da er meinte, in der unruhigen Heimat sei das Leben des Jungen nicht sicher.

Als der Sohn knapp drei Jahrzehnte später die Regierungsgeschäfte übernahm, war sein Land in einem desolaten Zustand: Er fand nur „Ruinae, auf denen Nesseln wuchsen". Er übernahm die Herkulesaufgabe, ein funktionierendes Staatswesen zu errichten. Vorbilder waren für ihn westeuropäische Länder, in denen er sich in seiner Jugendzeit aufgehalten hatte – Holland, Frankreich und eben auch England.

Mit den Engländern musste er sich noch öfters auseinandersetzen. So etwa, als er eine kleine Insel namens St. Andreas erwarb, die fern der Heimat in der Mündung eines großen Flusses lag. Das Eiland war gerade ein drittel Hektar groß und unbewohnt. Dazu kaufte er noch weitere kleine Territorien in der Umgebung und ließ dort Festungen errichten, sodass er mit ihnen den Strom und den darauf stattfindenden Handelsverkehr beherrschte.

Seine Leute machten dort Bekanntschaft mit dem Prinzen Ruprecht von der Pfalz. Dieser widmete sich nach der Hinrichtung des englischen Königs Karl I., der sein Onkel gewesen war, dem Kampf gegen die englische Republik und unternahm Raubzüge gegen deren Schiffe. Ruprecht wandte sich an ihn und teilte ihm ein „Geheimnis" mit, wonach es stromaufwärts erhebliche Goldvorkommen gebe: In „einem Pfund

Sand" – so eine spätere historische Darstellung – „fände sich Gold fünf holländische Ducaten an Wert und in den Bergen seien Adern ganz reinen Goldes". Dies habe Ruprecht aus Dokumenten erfahren, die er von den gekaperten englischen Schiffen erbeutet habe, und er wollte ihm dies als Freund des englischen Königshauses anvertrauen, denn das Gold solle nicht der Republik in die Hände fallen. Er musste dieses Angebot jedoch ablehnen, denn er wollte nicht in offene Gegnerschaft mit Cromwell fallen, indem er mit dessen erklärtem Feind gemeinsame Sache machte.

Der Erwerb der Insel war Teil seines Programms, mit dem er Wohlstand in sein Land bringen wollte. Das, was er in Holland gelernt hatte – über Schiffbau, Handel, Staatswissenschaft – wollte er in seinem Lande anwenden. Also förderte er Schiffbau und gewerbliche Produktion: Zu seiner Regierungszeit wurden in zum Teil neu errichteten Werften 44 Kriegs- und 79 Handelsschiffe gebaut. Bei seinem Regierungsantritt waren die Häfen seines Landes fest in Händen der holländischen Flotte, danach stieg der Anteil der eigenen Schiffe von null auf 26 Prozent.

Aber damit die Schiffe Waren in andere Länder bringen konnten, musste etwas produziert werden: Es entstanden Säge- und Papiermühlen, Teerbrennereien, Tuchfabriken, metallverarbeitende Betriebe, Werkstätten für Brokate und Tapeten, eine Salpetersiederei, eine Pulvermühle – insgesamt etwa siebzig gewerbliche Betriebe. Dafür warb er Fachkräfte aus dem Ausland an. In ganz Europa unterhielt er Gesandte und versuchte durch eine aktive Außenpolitik die Beziehungen zu Westeuropa zu fördern. Er schloss Verträge mit Frankreich, Dänemark, England, Spanien.

Aber militärisch blieb sein Land schwach. Als um ihn herum ein Krieg ausbrach, versuchte er die Neutralität zu wahren, aber die Schweden fielen in sein Land ein und nahmen den 47-Jährigen gefangen. Zwei Jahre musste er in der Festung Iwangorod ausharren. Als dann Frieden geschlossen wurde und er freikam, musste er von vorn beginnen: Die Höfe waren verwüstet, die Manufakturen zerstört, die Schiffe abhanden gekommen.

Auch St. Andreas konnte langfristig nicht gehalten werden. Nachdem während seiner Gefangenschaft schon die Holländer versucht hatten, darauf Fuß zu fassen, wurde die Insel nun von den Engländern besetzt. Trotz aller diplomatischen Bemühungen gelang es ihm nicht, die Besitzung wiederzuerlangen. Auch eine weitere, in einer anderen Weltgegend gelegene Insel war ihm inzwischen von den Holländern entrissen worden.

So konnte er den früheren Glanz nicht wieder erreichen. Unter seinen Nachfolgern ging der Niedergang weiter, sodass die „große" Zeit seines Landes eine Episode unter seiner Herrschaft blieb.

Die Festungsinsel, die er erworben hatte, gehört seit 2003 zum Weltkulturerbe der UNESCO. Angeblich besuchen jährlich 15.000 Touristen die Insel und besichtigen die nur noch zum Teil vorhandenen Festungsanlagen. Vielleicht mögen sich einige von ihnen fragen, wo jenes Land gelegen hat, das durch die Aktivitäten eines Fürsten noch vor Engländern und Franzosen diesen Ort in Besitz genommen hatte. Wie hieß dieser Fürst?

13. Glühender, geheimnisvoller Sommer

Ihre Eltern besuchten 1900 die Weltausstellung in Paris, denn der Vater musste darüber als Journalist berichten. „So bin ich im Mai 1900 in der Rue de Rivoli in einem Hotel auf die Welt gekommen" – allerdings ist sie dort nicht geboren worden, denn „ich zähle mein Dasein wie die Japaner vom Augenblick des Entstehens an, nicht nach der Geburtsstunde." Diese war im Dezember des Jahres in Berlin.

Der Vater war kurländischer Pastorensohn, die Mutter entstammte einer Dorpater Kaufmannsfamilie. Die Ehe erwies sich jedoch als schwierig: „Die Naturen meiner Eltern müssen grundverschieden gewesen sein, unvereinbar wie gewisse chemische Elemente, die keinerlei Verbindung eingehen können. Sie lebten getrennt von meinem achten Jahr an, der Erste Krieg 1914 führte sie zwangsweise wieder zusammen…" Dies geschah im Baltikum, und die Tochter war dabei.

Sie war dreizehn, als sie sich zusammen mit ihrer Mutter aufmachte, um den Sommer über Verwandte auf ihrem Gut in Estland zu besuchen. An der deutsch-russischen Grenze hinter Königsberg mussten die Reisenden einige Zeit im Wartesaal erster Klasse verbringen, wo sie „köstliche, unbekannte Speisen" erblickte: „Steinpilze, Fischgerichte, Räucherlachs, Gänseleberpastete, pikante Gurken, Riesen-Krabben aus Kamtschatka, Düna-Lachs, Neunaugen, Anchovis, Rebaler Killos – kleine Sprotten –, Piroggen und Würstchen", jedoch: „Ich hatte keinen Appetit und probierte bloß vom Kaviar, der mir nicht schmeckte."

Weiter ging es im Schlafwagen auf größerer Spurbreite: „Als ich erwachte, schien die Sonne, und bald fuhren wir über den weiten Strom der Düna und sahen drüben die türmereiche Stadt Riga liegen." Die Stadt „machte auf mich einen lichten, pastellfarbenen Eindruck, die Enge der alten Gassen fiel mir auf, aber auch das Offene, Elegante der neuen breiten Boulevards." Hier sah das Mädchen nach Jahren seinen Vater wieder. Er zeigte seiner Tochter die Stadt und verwöhnte sie mit Kuchen und Eis.

Die sommerliche Idylle wurde getrübt, als sie mit ihrer Mutter in der Droschke unterwegs war, um den Vater in der Rigaer Redaktion abzuholen: „Während wir durch die gleißende, stehende Hitze kutschierten, kam uns plötzlich eine Menge barfüßiger Jungen entgegengelaufen, die etwas schrien und in ihren Händen giftgrüne und grellrosa Zettel schwenkten. Meine Mutter kaufte einen dieser Zettel: Es war das Extrablatt von der Ermordung des Erzherzogs Franz Ferdinand in Sarajewo."

Der Vater beschwor die beiden umzukehren, da es Krieg geben werde. Die Mutter aber setzte sich mit ihrem Wunsch, die Verwandten auf dem großen Gut zu besuchen, durch und so ging die Reise weiter. In der Nacht kamen Mutter und Tochter – der Vater war in Riga geblieben – mit dem Zug in Dorpat an, von dort ließen die Verwandten sie abholen. Das Gutshaus „wurde sichtbar, fest aus Holz gebaut, hellbraun gestrichen, mit weißen Fensterkreuzen und vier weißen Holzsäulen vor dem Eingang... Auf der Veranda stand die feste, etwas volle Gestalt der Tante Anna." Am nächsten Tag lernte sie noch deren drei Kinder kennen.

„Kein Sommer sollte mir jemals wieder so prangend, so glühend und geheimnisvoll in der Stille des Pan erscheinen, des mittäglich lauernden Gottes, wie dieser letzte Sommer des Friedens" – aber der Kanonendonner des kommenden Krieges lag in der Luft. Als er ausbrach, wurden die meisten Pferde des Gutes für die Armee requiriert. Für die Gäste war an eine direkte Rückkehr nach Deutschland nicht mehr zu denken.

Die Ferien gingen zu Ende, und da die 13-Jährige die Schule in Berlin versäumte, erhielt sie Unterricht von den Bediensteten. Sie wurde, als die Jahreszeit kühler wurde, auch mit warmen Sachen ausgestattet, denn im Gepäck war nur leichte Kleidung für den Sommer. Der Vater war gekommen, um mit der Familie über Skandinavien heimzureisen. Die Reise ging erst nach Petrograd, wo der Deutschenhass allgegenwärtig war, dann im überfüllten Zug nach Finnland und schließlich über Schweden nach Hause.

Ende 1918, nach dem Zusammenbruch des deutschen Kaiserreiches und dem Ende seiner deutsch geprägten baltischen Heimat, nahm sich der Vater das Leben. Für die Tochter blieb es nicht der einzige Schicksalsschlag im Leben: Ihr Sohn aus erster Ehe kehrte nicht aus dem Zweiten Weltkrieg zurück, ihr zweiter Mann verlor in diesem Krieg sein linkes Auge. Diesen hatte sie 1929 in Schlesien kennengelernt und 1933 in Berlin geheiratet – er schrieb an seinem ersten Roman, sie musste für eine Zeitung arbeiten, um den Unterhalt zu erwirtschaften.

Bald erschien ihr erster Gedichtband, dem weitere Werke folgen sollten. Regen Kontakt hielt das Schriftstellerehepaar mit anderen Dichtern wie etwas Werner Bergengruen. Schrieb dieser ihr einen Brief, so benutzte er zuweilen die Anrede „Liebe Landsmänn- und Nachbarin", womit der Dichter nicht nur darauf hinwies, dass beide in Berlin in derselben Straße lebten, sondern auch die gemeinsame baltische Herkunft betonen wollte.

Wer wurde so angeredet?

14. Nicht besser James?

„Wir waren Juden... Wir waren keine Russen. Wir waren keine Letten. Wir waren etwas anderes. Wir mussten ein Zuhause haben. Es hatte keinen Sinn, ständig auf dem Sprung zu sein. Vor allem hatte es keinen Sinn, es ständig zu leugnen, zu verbergen."

Das Gefühl, zu einer ausgegrenzten Minderheit zu gehören, bekam er schon als Junge in Riga mit. Immerhin war sein Vater als Kaufmann Mitglied der Großen Gilde, und dadurch war er vielen Restriktionen nicht unterworfen. Der Vater handelte mit Holz, und seine Sägewerke und Holzlagerplätze befanden sich zwar auf dem Gebiet des jüdischen Viertels, die Familie lebte aber in einem Jugendstilhaus in der vornehmen Albertstraße. Man sprach in erster Linie Russisch, daneben auch Deutsch.

Im Ersten Weltkrieg kam der Holzhandel über die Ostsee zum Erliegen, und der Vater musste sich nach neuen Abnehmern umsehen. Er fand sie bei der russischen Eisenbahn. Eines Tages brach auf einem der Lagerplätze ein Feuer aus und zerstörte das gestapelte Holz. Der Vater und der deutsche Eigentümer des Platzes beschuldigten sich gegenseitig, den Brand gelegt zu haben. Da gleichzeitig die deutschen Truppen vorrückten und in nächster Zeit Riga besetzen könnten, ging der Vater nach Petrograd, um dort den Schaden in weniger vergifteter Atmosphäre zu regeln, und holte 1916 auch seine Frau und seinen siebenjährigen Sohn nach.

Hier erlebte man 1917 die Februarrevolution und die Machtübernahme der Bolschewiken. Der Vater konnte seine Geschäfte zwar weiterführen, aber als das Haus eines Tages von der Tscheka gestürmt und durchsucht wurde, entschloss sich die Familie, nach Riga zurückzukehren.

Im Oktober 1920 setzten sich die Eltern und der elfjährige Junge in den Zug. Die Fahrt von Petrograd in die Hauptstadt der neu gegründeten Republik Lettland dauerte nicht weniger als zehn Tage. An der lettisch-russischen Grenze mussten sie, während die Letten weiterfahren konnten, mit anderen Juden und Ausländern den Zug verlassen und eine Nacht in einer ungeheizten Kaserne verbringen. Am nächsten Tag wurden sie zur Entlausung geschickt. Ihnen wurde mitgeteilt, dass sie eine ganze Woche an der Grenze bleiben müssten. Ein Beamter bot aber an, sie gegen ein gewisses Entgelt schon im nächsten Zug weiterfahren zu lassen. Der Vater zahlte das Bestechungsgeld, so dass die Fahrt am Abend weiterging.

Im Zug setzten sich einige Letten zu ihnen ins Abteil und begannen untereinander ein Gespräch, in dem antisemitische Töne angeschlagen wurden – in der Annahme, die russisch-jüdische Familie würde kein Lettisch verstehen. Die Mutter verstand aber sehr gut und machte auf Lettisch die Bemerkung, es sei zwar viel an Sowjetrussland auszusetzen, aber wenigstens gebe es dort keinen Antisemitismus. Als die lettische Militärkontrolle durch den Zug ging, bezichtigten die Letten die Mutter, eine kommunistische Spionin zu sein. In Riga angekommen, wurde sie von der Polizei abgeführt. Da stellte sich dem Vater ein Mann als lettischer Geheimpolizist vor: Er könne für die Freilassung der Mutter sorgen. Nach Zahlung des geforderten Schmiergeldes konnte die Familie gehen. Aber es kamen in den nächsten Wochen immer wieder Schreiben vom Gericht, in denen die Mutter aufgefordert wurde, zu Beschuldigungen Stellung zu nehmen.

Der Vater nahm seinen Holzhandel zunächst wieder auf, aber nach den Erfahrungen im Zusammenhang mit der Bahnreise reifte der Entschluss zu emigrieren. Man entschied sich für England, weil der Vater dorthin geschäftliche Kontakte hatte und meinte, der Sohn könne dort die beste Bildung an einer Public School erhalten. In den Jahren in Petrograd hatte er keine Schule besucht und seine Bildung hauptsächlich aus der elterlichen Bibliothek bezogen – er verschlang die Werke von Tolstoi, Turgenjew und Goethe sowie die „Jüdische Enzyklopädie".

Auch in England gab es Vorbehalte gegen Juden. Nachdem er die Aufnahmeprüfung für eine Londoner Eliteschule geschafft hatte, meinte ein Lehrer zu ihm, dass er mit seinem jüdischen Vornamen vielleicht Schwierigkeiten bekommen könnte, und ob es nicht besser wäre, sich James oder Robert zu nennen? Er erklärte daraufhin seinen Eltern, dass er die Schule doch nicht besuchen wolle.

Schließlich fand sich eine andere Schule, und mit neunzehn nahm er ein Studium in Oxford auf. Nachdem er seine Examina mit Auszeichnung bestanden hatte, schlug er die Karriere eines Universitätsdozenten ein. Er stieg auf zum führenden Intellektuellen Großbritanniens. In den USA war er als Gastdozent gefragt. Er wurde mit Preisen und Ehrendoktorwürden überhäuft. Er traf mit Churchill und mit Kennedy zusammen und wurde von Margaret Thatcher in die Downing Street eingeladen.

Während des Zweiten Weltkrieges waren viele seiner Verwandten, die in Riga geblieben waren, dem Holocaust zum Opfer gefallen. Er sprach wenig darüber. Aber das Schicksal der Juden blieb für ihn ein Thema. Er folgte weder seiner Mutter, die eine überzeugte Zionistin war, noch seinem Vater, der zu völliger Assimilation bereit war. Der eine finde seine jüdische Identität in Israel, der andere in Großbritannien, der eine im festen Glauben, der andere in der Beibehaltung der Bräuche. Zu propagieren, dass es nur den einen für alle richtigen Weg gäbe, würde eine neue Tyrannei schaffen.

Wie hieß der Denker?

15. Leidenschaft und Maßlosigkeit

Die Rückkehr von seinem Besuch bei seinem Bruder in Reval war nicht angenehm. „Dir zu schildern", so schrieb er ihm, als er zu Hause angekommen war, „was ich an Unannehmlichkeiten, Überdruss, Kummer, Niedertracht und Gemeinheit unterwegs... ertragen habe – das übersteigt die Macht meiner Feder... Der Dampfer fuhr nicht, sondern schlich dahin. Es wehte ein ekelhafter Wind, die Wellen peitschten über das ganze Deck; ich zitterte vor Kälte, war völlig durchgefroren und verbrachte eine unbeschreibliche Nacht... Ich erinnere mich nur, dass ich mich an die dreimal übergeben musste. Tags darauf, genau um vier Uhr nachmittags, liefen wir in Kronstadt ein, das heißt nach 28 Stunden. Nach dreistündigem Warten setzten wir erst in der Dämmerung auf dem überaus widerlichen, miserablen Dampfer ‚Olga' unsere Fahrt fort und waren dreieinhalb Stunden bei Nacht und Nebel unterwegs... In diesen tödlichen drei Stunden des Einlaufens fühlte ich dunkel meine ganze Zukunft. Eben weil ich mich bei Euch so eingewöhnt hatte, als hätte ich schon ein ganzes Jahrhundert in Reval zugebracht, kamen mir Petersburg und mein künftiges Petersburger Dasein so trostlos, einsam und freudlos ... vor..."

Da war er 23 Jahre alt. Acht Jahre zuvor war er in die damalige russische Hauptstadt gekommen. Nachdem die Mutter früh gestorben war, schickte der Vater die ältesten beiden Söhne aus dem Haus – es verblieben noch fünf Kinder, um die er sich kümmern musste. Der Zweitgeborene, um den es hier geht, kam auf die militärische Ingenieurschule in Sankt Petersburg. Der ein Jahr ältere Bruder schaffte dort jedoch die Aufnahmeprüfung nicht und kam so an eine vergleichbare Schule in Reval.

Zwischen den Brüdern entspann sich ein reger Briefwechsel. Er hing sehr an dem Bruder und litt unter der Trennung. Der ältere Bruder heiratete in Reval eine baltische Deutsche.

Als der erste Sohn geboren wurde, kam er als Pate zur Taufe. Auf diesen Besuch, seinem ersten von dreien, scheint seine Abneigung gegen alles Deutsche zurückzugehen, die er sein Leben lang beibehielt. Die herrnhutische Frömmigkeit des protestantischen Bürgertums rief bei ihm Abscheu hervor. Ein mitreisender Freund berichtete, es sei ihm „bei seinem Hang zu vorschnellem Verallgemeinern gar nicht auszureden gewesen, dass er hier, in Reval, gar nicht typische Deutsche, vielmehr eine ganz bestimmte örtliche Abart vor sich habe". In seinem späteren Leben reiste er zwar viel durch Deutschland, schimpfte dabei aber ständig über die Deutschen – er hielt sie für dumm, begriffsstutzig und geldgierig.

Die Paukerei von Geometrie und Physik in der Ingenieurschule vertrug sich auch schlecht mit seinem leidenschaftlichen und zur Maßlosigkeit neigenden Charakter. Er wandte sich der Literatur zu, las in- und ausländische Klassiker und machte eigene Schreibversuche. Er führte dann zwar noch die Schule zu Ende und nahm eine Stelle als technischer Zeichner im Kriegsministerium an, gab diesen Posten aber schon bald auf, um ausschließlich von Schriftstellerei zu leben.

Er verzichtete somit auf ein festes Monatsgehalt. Das bekümmerte ihn nicht so sehr, und in Geldfragen war er ohnehin nicht gerade sehr solide. Aber schon bald stellte sich ein literarischer Erfolg ein, auch in finanzieller Hinsicht. Die Probleme blieben jedoch, da er mit dem Geld einfach nicht umgehen konnte. War er einmal zu Geld gekommen, gab er es sogleich mit vollen Händen wieder aus.

Stets war er bereit, seinen Bruder und dessen Familie zu unterstützen: „Zum Frühjahr werde ich… eine große Anleihe aufnehmen und Dir unbedingt 400 Rubel senden. Das ist sicher wie das Amen in der Kirche; denn der Gedanke an Dich bedrückt mich mehr als alles andere… Hin und wieder denke ich daran, wie grantig und schwierig ich bei Euch in Reval gewesen bin. Ich war krank, Bruder… Ich bin bereit, mein Leben für Dich und die Deinen zu geben, doch zuweilen, auch wenn mein Herz vor Liebe vergeht, bringe ich kein zärtliches

Wort heraus... Wie oft habe ich Emilia Fjodorowna gekränkt, diese edelmütige Frau, die 1000-mal besser ist als ich."

Über Emilia Fjodorowna, die baltische Schwägerin, dürfte er zwanzig Jahre später nicht mehr so positiv gedacht haben. Inzwischen war sie Witwe, denn der Bruder war früh an einer Lungenentzündung gestorben. Sie protestierte zusammen mit ihren Kindern, seinen jüngeren Brüdern und seinem Stiefsohn aus erster Ehe heftig dagegen, dass ihr Schwager vorhatte zu heiraten, denn sie alle lebten weitgehend auf seine Kosten und sahen ihre Felle wegschwimmen. Nach der Hochzeit mischte sich die Schwägerin ständig in die Haushaltsführung ein, um die junge Ehefrau als inkompetente Haushälterin hinzustellen. Da entschloss sich das Paar zum fluchtartigen Verlassen der Heimat und ging für mehrere Jahre nach Mitteleuropa, zunächst nach Dresden (mit seinen Kunstschätzen) und Bad Homburg (mit seinem Spielcasino). Da wollte er schon eher unter den ungeliebten Deutschen leben, als diese Familie im Nacken zu haben.

Wer war's?

16. „Rausch des Augengenusses"

Seine späteren Jahre waren von schweren körperlichen Leiden überschattet. Nicht nur dass ein Rückenmarksleiden ihm Schmerzen bereitete, er verlor auch das Augenlicht. Aber er nahm das Leiden stoisch hin. Ein Zeitzeuge berichtete:

„Nie wieder habe ich so grandios den Kampf des Geistes gegen den Körper miterlebt. Und der Geist siegte, und wennschon die Hand unsicher wurde und in später Stunde nur schwer das Weinglas zu fassen vermochte, wenn auch die Knie zitterten beim Aufstehen und ein Freund ihn stützen musste. Er war das Bild unheimlich schleichender Krankheit und zugleich das Bild aufrechter Seelengeradheit. Er hatte jenen ritterlichen Adel, der sich nicht unterkriegen lässt und der das Schwert nicht eher weglegt, als bis der Tod es anfasst. Er klagte nie und wusste genau um die Kürze des Daseins. Er war heroisch ohne die geringste Pose. Und wenn sein Leiden arg wurde, scheuchte er es fort mit einem Witzwort."

Die Erblindung war – ebenso wie die Rückenmarksschädigung – Folge einer Syphilis, die er sich möglicherweise schon als Student in Dorpat zugezogen hatte. Diese Vermutung wird dadurch nahe gelegt, dass er in dieser Zeit gewisse Etablissements aufgesucht hat oder jedenfalls ein solcher Besuch belegt ist. Er ist deswegen aktenkundig geworden, da es dabei zu einem Zwischenfall gekommen war. Aufgrund dessen musste er – neben vier anderen Studenten – zu einer Untersuchung vor dem „Kaiserlich Dorpatschen Universitäts-Gericht" erscheinen.

Einer der Kläger, der Universitätspedell Trebus, gab zu Protokoll, er sei nachts um zwei Uhr „in ein in der Carlowastraße gelegenes Bordell gerufen worden, woselbst er die obgenannten Studirenden und außer der Wirthin noch zwei Frauenzimmer vorgefunden habe." Eines der „Frauenzimmer" habe sich beklagt, einer der Studenten hätte mit einer Flasche nach ihr geworfen und ihr einen Fußtritt versetzt. Schon zuvor sei ein anderer Kunde, ein Kaufmann aus Riga, tätlich angegriffen worden. Der Pedell habe nun schließlich die Studenten aufgefordert, „das Local zu verlassen". Dem seien die Studenten aber nicht nachgekommen, sondern einer hätte ihm sogar mit Schlägen gedroht.

Das Ergebnis der nächtlichen Exzesse war für drei der Beteiligten die Ausweisung für einige Monate, er selbst, dem nur die „Nichtbefolgung einer seitens eines Pedellen im Namen des Gesetzes an ihn gerichteten Aufforderung" des Verlassens der Lokalität zur Last gelegt wurde, kam mit acht Tagen Karzer davon.

Immerhin handelt es sich hier um ein Ereignis seines Lebens, das durch die Gerichtsakten einigermaßen genau dokumentiert ist. Im Gegensatz dazu liegen weite Teile seines Lebens im Dunkeln, denn er hinterließ kaum Selbstzeugnisse und verfügte, dass alle nachgelassenen Papiere nach seinem Tod vernichtet werden sollten. So ist von seiner kurzen Studienzeit wenig überliefert, insbesondere wenig Erbauliches.

Nach seinem Abitur in Goldingen hatte der 20-Jährige ein Jurastudium in Dorpat begonnen, aber anscheinend nur im ersten Semester Vorlesungen gehört. Danach wurde er, wohl wegen Schulden, zwangsexmatrikuliert. Nach einigen Monaten schrieb er sich wieder ein, wurde bald darauf wieder exmatrikuliert, schrieb sich später erneut ein und musste schließlich, weniger als zwei Jahre nach Studienbeginn, die Universität abermals verlassen.

Irgendein Vorfall – nach der Aussage eines Neffen eine „Lappalie", eine „Inkorrektheit" – führte dazu, dass er bei seiner Landsmannschaft Curonia in Ungnade fiel und austreten musste und überhaupt zum Außenseiter wurde: „…verfemt in der Heimat, wurde er jahrelang – jahrzehntelang – von der dortigen guten Gesellschaft gemieden und musste ein abseitiges, ungeselliges Dasein führen…"

Was mag passiert sein, das zu dieser Ausgrenzung führte? Angeblich soll er Geld der Curonia, das ihm anvertraut worden war, vorübergehend für sich selbst verwendet, später aber wieder zurückgezahlt haben. Jedenfalls blieb er nicht in Dorpat, sondern verbrachte, gesellschaftlich isoliert, eine Zeitlang als Bewirtschafter des mütterlichen Gutes in Kurland und hielt sich länger in Wien auf. Als er 32 war, erschien sein erster Roman, der den Untertitel „Eine Kleinstadtliebe" hatte und die literarische Verarbeitung eines Liebesverhältnisses seines Vetters und Studienfreundes war. Dieser war davon so empört, dass er die gesamte Auflage aufkaufte. Erst fast hundert Jahre später ist eine zweite Auflage erschienen.

Spätestens als Vierziger – vielleicht schon zehn Jahre früher – ließ er sich in München nieder. Der Junggeselle lebte dort mit zwei älteren Schwestern zusammen. Solange er noch sehen konnte, verkehrte er in der Schwabinger Boheme, und dem 47-Jährigen gelang auch der Durchbruch als Schriftsteller. Von nun an erschien ein Roman nach dem anderen. In den letzten Jahren konnte er, blind und bettlägerig, seine Werke nur noch diktieren.

Die Erblindung führte ein zweites Mal in seinem Leben zu einer Vereinsamung, denn viele Münchner Freunde ließen ihn im Stich, und das – so berichtete der bereits zitierte Neffe – mit der Ausrede: „Wir wollen den Blinden nicht damit betrüben, dass unser Gespräch, das sichtbare Dinge nicht vermeiden kann, ihn an das, was ihm fehlt, erinnere." Aber er wollte das Gegenteil, „er zwang sie, von Gesehenem zu sprechen; man musste ihm Kunstwerke, Landschaften, Straßenleben, Menschen und ihre Kleidung schildern." Und: „Seit er erblindete, steigerte sich in seinen Werken der Rausch des Augengenusses infolge der ungestillten Sehnsucht nach dem Sichtbaren, namentlich das Schwelgen in Farben; es war, als wollte er sich durch die Farbigkeit seiner Darstellungen dafür entschädigen, dass er nicht mehr sehen konnte."

Er starb kurz vor dem Ende des Ersten Weltkriegs – zur selben Zeit, als auch die von ihm in seinen Romanen und Erzählungen geschilderte Welt unterging.

Wer war der Autor?

17. „War ich denn eine Besatzerin?"

Mit 32 Jahren kam sie nach Estland. Es war im März 1951. Sie kam aus Moskau und war überzeugte Kommunistin. Ihr Mann – der zweite, nachdem der erste 1942 bei einem Flugzeugabsturz umgekommen war –, war in Tallinn Bevollmächtigter des Beschaffungsministeriums und gehörte mithin der herrschenden Klasse an. Sie fand dort eine Stelle am Pädagogischen Institut. Dort dozierte sie ihren Studentinnen, „dass die Sowjetordnung die beste auf der Welt sei, wunderbar und im Großen und Ganzen gerecht."

Dass das nicht alle so sahen, wollte sie zunächst nicht wahrhaben. „Wir lebten in so strikter Isolation gegenüber der einheimischen Bevölkerung, dass wir deren Stimmung, deren Feindseligkeit kaum empfanden." Auch Estnisch zu lernen kam ihr zunächst nicht in den Sinn. Sie begann ihre erste Vorlesung an der Abteilung für Literaturwissenschaft auf Russisch – und merkte dann, dass sie kaum verstanden wurde. „Das Niveau musste nolens volens auf Mittelschülerverständnis gesenkt werden. Unsere russische Abteilung war eine winzige Insel in der estnischen Welt."

Umgekehrt bekam sie nichts mit, wenn auf Konferenzen estnisch gesprochen wurde. Erst ihr späterer – dritter – Ehemann sollte ihr klarmachen: „In jedem noch so kleinen Land, dessen Brot du isst, bist du verpflichtet, die einfachsten Worte zu lernen."

Sie erinnerte sich später an eine Diskussion im Hörsaal: „Die Jungen hatten vieles zu beanstanden, in ihrer Kritik vermischte sich Wichtiges mit Nebensächlichem: Warum lernen die Russen unsere Sprache nicht? Warum knabbern sie dauernd Sonnenblumenkerne? ... es gab noch viele andere Warums. Jetzt verstehe ich, dass es ein Aufbegehren gegen die russischen Besatzer war, ein Protest, der einem kleinlich, kümmerlich und kauzig erscheinen mochte und doch blieb, was er war. Und ich verteidigte genau genommen – die Staatsmacht."

Rückblickend urteilte sie: „Ich könnte heute nicht eindeutig auf die Frage antworten, ob ich meinen Schülern Licht brachte oder Verwirrung in den jungen Köpfen stiftete. Wahrheit und Lüge, Gut und Böse sind hier ebenso schwer zu trennen wie alles andere in unserem Leben." Sie fuhr mit ihren Studentinnen zum Ernteeinsatz. Es entwickelten sich persönliche Beziehungen.

Eine Studentin klagte ihr einmal, dass ihr Vater, der früher Regisseur am Estnischen Theater in Leningrad gewesen war, seit Jahren verschwunden war. Sie bekam heraus, dass dieser 1937 erschossen worden war. Für den Mann einer anderen Studentin, der wegen eines Strafdelikts vor Gericht stand, versuchte sie, in Moskau einen Anwalt zu bekommen.

„Nun verstehe ich", schrieb sie später, „dass Tallinn für mich ein Zufluchtsort geworden war… Ich war verblendet durch das Gute, das ich dort erlebte. Das andere sah ich nicht. Dort hatte ich das Gefühl, gebraucht zu werden… Ich tat eine Arbeit, zu der ich berufen war."

Lange hatte sie dazu allerdings keine Gelegenheit. Zwei Jahre später wurde das Arbeitsverhältnis aufgelöst. Das hing vielleicht damit zusammen, dass zuvor schon ihr Mann von seinem Posten enthoben worden war – offiziell wegen seiner Trunksucht und damit zusammenhängender Eskapaden, aber dahinter stand wohl auch die Gelegenheit für das örtliche Zentralkomitee, einen Vertreter der russischen Kolonialmacht loszuwerden.

Dessen Alkoholproblem belastete auch die Ehe. Dazu kam, dass er ihre Tochter aus erster Ehe schlug. Sie trennte sich von ihm und heiratete 1956 abermals.

Ihr dritter Mann hatte neun Jahre in Straflagern verbracht – er war wegen „Propagierung des bürgerlichen Humanismus" und „Mitleid mit dem Feind" verurteilt wurden, da er 1945 als Soldat versucht hatte, seine Kameraden von Gräueltaten abzuhalten. Mit ihm blieb sie bis zu ihrem Lebensende zusammen.

Mit der Zeit wandten sich beide vom Kommunismus ab. Sie setzten sich für Andersdenkende ein, und ihre Wohnung wurde zum Anlaufpunkt von Dissidenten. Er wurde 1968 aus der Partei ausgeschlossen, sie 1980. Schließlich durften sie von einer Reise in den Westen nicht zurückkehren und wurden ausgebürgert. Eine neue Bleibe fanden sie am Wohnort eines befreundeten Nobelpreisträgers.

Sie hatte sich nur mit Mühe von ihrem Weltbild als linientreue Kommunistin verabschieden können. Im Sommer 1958 war das Paar zusammen in Tallinn. Als er die Klage von Russen, dass die Esten ihnen gegenüber oft unfreundlich seien, so kommentierte: „Warum sollten sie eigentlich freundlich zu den Besatzern sein?", da entgegnete sie entrüstet: „Meinst du gar, dass ich eine Besatzerin war?"

Und sie bekannte dazu später: „Neugewonnene Überzeugungen drücken einen fürs erste wie neue Schuhe, und wie bei den Schuhen wünscht man sich mitunter, wieder zum Alten, Bequemen, Ausgetretenen zurückzukehren."

Wie hieß die Frau? Und wie ihr letzter Mann?

18. Lachsalven aus dem Druckerraum

Als seine Mutter siebzig wurde, wollte er sie mit seinem Besuch überraschen. Der 45-Jährige verließ die Metropole und machte sich auf den Weg zu jenem Gutshof, auf dem er seit seinem sechsten Lebensjahr aufgewachsen war und auf dem seine Mutter noch lebte. Freunde hatten ihm von dieser winterlichen Reise abgeraten, da es mit seiner Gesundheit nicht zum Besten stand. Er aber fuhr trotzdem und wollte einen ganzen Monat auf dem Landgut verbringen, das ihn sein Leben lang immer in seinen Bann gezogen hatte.

Er reiste über Nacht und kam im Morgengrauen bei seiner alten Schule an. Mit befreundeten Lehrern studierte er ein selbst gedichtetes Ständchen ein. Dann marschierten sie gemeinsam die sieben Kilometer durch die verschneite Landschaft zum Haus der Mutter. Es ging meist bergauf. Das Gehen strengte ihn so an, dass er trotz des kalten Windes den schweren Pelzmantel ablegte und mit einem leichten Mantel weiterging.

Man erreichte das Haus, brachte das Ständchen dar und verbrachte noch einen fröhlichen Abend. Aber er hatte sich überanstrengt. Er bekam ein hohes Fieber, das sich noch mehrere Wochen hinzog.

Der Arzt diagnostizierte eine Tuberkulose – eine Krankheit, die schon früher in ihm gesteckt hatte, von der ihm aber die Ärzte schon über zehn Jahre zuvor bescheinigt hatten, dass er sie überwunden habe. Nun verschlimmerte sich sein Zustand immer mehr, und er fürchtete, dass seine besten Werke, die er noch zu schreiben vorhatte, wohl ungeschrieben blieben und er sie „mit ins Grab nehmen würde". Der Arzt riet ihm zu einem Kuraufenthalt in Finnland, und diese Möglichkeit gab ihm neue Hoffnung.

Im Juni trat der Patient, der vor Schmerzen schon nicht mehr liegen konnte und Tag und Nacht im Sitzen zubrachte, die anstrengende Reise mit der Eisenbahn an. Über Sankt

Petersburg ging es zum finnischen Sanatorium. Ein Freund begleitete ihn, fuhr aber nach einigen Tagen wieder zurück.

Bevor er nach Finnland fahren konnte, musste erst einmal öffentlich für ihn gesammelt werden, da er die Kosten für Reise und Behandlung nicht selbst aufbringen konnte. Er war stets knapp bei Kasse, obwohl er sich als Autor von Theaterstücken und Novellen einen Namen gemacht hatte und außerdem als Zeitungsredakteur tätig war. Seine Spezialität waren humoristische und satirische Gedichte, die in den Zeitungen veröffentlicht wurden. Ein Kollege erinnerte sich:

„Nachdem er sie [die Gedichte] geschrieben hatte, las er sie uns laut vor; nach einiger Diskussion korrigierte er sie hier und dort, und dann übergab er sie den Schriftsetzern." Sobald diese erfuhren, dass es wieder etwas von ihm war, „hörten sie zu arbeiten auf, und bald hörte man vom Druckerraum nicht nur Gekicher, sondern schallendes Gelächter."

Als er mit 43 Jahren Chefredakteur wurde und ein höheres Gehalt erhielt, zog er in eine eigene Wohnung. Davor hatte er einige Zeit bei einem befreundeten Maler zur Untermiete gewohnt (heute ist in dieser Wohnung ein kleines Museum untergebracht). Viel änderte sich finanziell jedoch nicht, denn wenn er Geld hatte, unterstützte er damit andere Schriftsteller und Künstler.

Einmal hatte er versucht, durch eine vorteilhafte Heirat seine finanzielle Situation aufzubessern. „Meine berufliche Stellung", schrieb er der Frau, „ist die denkbar unsicherste, meine gesellschaftliche – was gilt bei den Letten ein Dichter, wenn er nicht im Auslande bekannt ist! Außerdem bin ich arm… Der nüchterne Verstand predigt mir daher unerbittlich, dass meine stille, reine, verkappte Iphigenie für mich hinter dem Berge der Unmöglichkeit wohnt." Und über ein Jahr später: „Nach zehn Jahren muss mein Name auch von Ausländern genannt werden. Helfen Sie mir doch diese Frist zu verkürzen! … Was verplempern Sie Ihr Geld für Wohlthätigkeitskinder und Anderes, hier ist ein edleres Objekt, an dem Sie Ihre Wohlthätigkeit üben können!"

Er blieb Junggeselle, und die zehn Jahre, die er seiner Ansicht noch brauchte, um im Ausland bekannt zu werden, waren ihm nicht mehr vergönnt. Nicht einmal zwei Jahre nach diesem Brief brach die eingangs erwähnte Krankheit aus, die die Reise nach Finnland nötig machte. Der Aufenthalt im Sanatorium führte nicht zu seiner Genesung. Zwei Monate nach der Ankunft starb er. Er wurde nur 45 Jahre alt. Niemand war zum Zeitpunkt des Todes an seiner Seite.

Wer war der Schriftsteller, der in seinem Land als Klassiker gilt und dessen Werke in mehrere Sprachen übersetzt wurden?

19. Der verlorene Sohn

Er irrte verzweifelt umher. Zwischen ihm und einem Freund war es zum Bruch gekommen, so dass dieser dafür sorgte, dass er aus der Stadt verwiesen wurde. Seitdem führte er ein zielloses, unstetes Wanderleben. Er hatte kein Geld und wusste nicht, an wen er sich wenden sollte.

Ausgerechnet in dieser Zeit kam seine Krankheit zum Ausbruch, eine paranoide Schizophrenie. Er litt an religiösen Wahnvorstellungen, Schuldgefühlen und Verfolgungswahn. Es kam zu Selbstmordversuchen – zweimal sprang er aus dem Fenster, einmal verletzte er sich mit einer Schere, auch rannte er mit dem Kopf gegen die Wand. Einmal wurde er für zehn Tage ans Bett gebunden, damit er sich nicht selbst Gewalt antun konnte.

Schuldgefühle hegte er insbesondere gegenüber seinem Vater, gegen dessen Willen er sich einst aufgelehnt hatte. „Vater! ich habe gesündigt im Himmel u. vor Dir u. bin fort nicht werth, daß ich Dein Kind heiße", schrieb er ihm jetzt in die livländische Heimat.

Für den Vater, einen Pastor, war er ein Versager. Er war der einzige seiner fünf Söhne, der es nicht zu einer festen Anstellung gebracht hatte. Als Kind hatte er die Straf- und Bußpredigten gehört, die der Vater Sonntag für Sonntag der Gemeinde hielt. Dieser war die übermächtige und überstrenge Autorität, von der der Sohn sein Leben lang nicht loskam.

Nach dem Willen des Vaters sollte auch der Sohn Theologie studieren. Er begann auch das Studium in Königsberg. Aber anstatt dieses zu Ende zu führen, entschloss er sich eines Tages, zwei kurländische Barone, die als Offiziere in französische Dienste treten wollten, zu begleiten. Mit ihnen kam er nach Straßburg, wo er in einem Kreis von Künstlern und Intellektuellen verkehrte. Den Gedanken, eine Berufsausbildung abzuschließen, schob er beiseite.

Jetzt, einige Jahre später, nachdem er sich in verschiedenen Orten in Deutschland, dem Elsass und der Schweiz aufgehalten und auch seine Krankheit leidlich überstanden hatte, kehrte er, begleitet von einem seiner Brüder, in seine baltische Heimat zurück. Er war 28, als er in Riga ankam. Der Vater hatte inzwischen den Gipfel seiner Karriere erreicht: Er trat gerade das Amt des Generalsuperintendenten von Livland an. Der Sohn war noch immer ein Niemand, jedenfalls aus Sicht des Vaters und der Brüder.

Sein Vater versuchte, ihm die gerade frei werdende Stellung als Rektor der Rigaer Domschule zu verschaffen, und sprach in dieser Angelegenheit beim Bürgermeister vor. Dieser wollte dazu ein Empfehlungsschreiben eines ehemaligen Junglehrers der Schule sehen, der den Bewerber in Straßburg kennengelernt hatte. Der antwortete auf das Ersuchen jedoch nur mit den dürren Worten „Er taugt nicht zur Stelle, so lieb ich ihn habe", und so ist aus der Anstellung nichts geworden.

Er ging nach Sankt Petersburg, wo er sich um eine Anstellung bemühte. Aber weder als Lehrer am Kadettenkorps noch als Vorleser oder Bibliothekar am Hofe konnte er unterkommen. Er kehrte nach Livland zurück und erhielt eine Stelle als Hofmeister auf einem Gut bei Dorpat. Aber schon nach wenigen Wochen ergriff er dort die Flucht – wegen seiner unglücklichen Liebe zur Tochter des Hauses.

Er kam schließlich nach Moskau, wo er die folgenden Jahre verbrachte, die seine letzten sein sollten. Er fand dort einen Gönner, bei dem er einige Zeit wohnen konnte. Er konnte zunächst auch seine dichterische Arbeit weiterführen. Dann aber kam seine Krankheit wieder zum Ausbruch. Bis zuletzt blieb er aber aktiv, indem er für gesellschaftliche Projekte eintrat, für die er aber belächelt wurde – wie etwa für seine Idee, in Dorpat eine Universität zu gründen.

Er geriet zunehmend in Isolation. Ein Moskauer Zeitgenosse berichtet: „Von allen verkannt, gegen Mangel und Dürftigkeit kämpfend, entfernt von allem, was ihm theuer war, verlor er doch nicht das Gefühl seines Werthes; sein Stolz wurde durch unzählige Demütigungen noch mehr gereizt und artete endlich in jenen Protz aus, der gewöhnlich der Gefährte der edlen Armut ist. Er lebte von Almosen, aber er nahm nicht von jedem Wohltaten an und wurde beleidigt, wenn man ihm unaufgefordert Geld oder Unterstützung anbot, da doch seine Gestalt und sein ganzes Äußeres die dringendste Aufforderung zur Wohltätigkeit waren."

Eines Tages fand man ihn tot auf einer Moskauer Straße liegend. Er wurde 41 Jahre alt. Ein Freund sorgte für seine Beisetzung. Sein Grab ist bis heute unbekannt.

Wer war's?

20. Engel in der Botschaft

Riga im Sommer 1939. Die letzten Monate des Friedens in Europa. Bald wird Krieg herrschen, und bald werden die baltischen Staaten ihre Freiheit und Selbstständigkeit einbüßen – als Opfer eines Geschachers zweier Diktatoren. Aber noch ist Lettland ein souveräner Staat und unterhält diplomatische Beziehungen zu anderen Ländern, die in der Hauptstadt ihre Botschaften haben.

Vor einer solchen Botschaft hielt eines Tages eine Limousine, der ein junger Mann entstieg. Er war per Zug von Warschau angereist und vom Bahnhof abgeholt worden. Dass er von der Vertretung seines Landes als Gast aufgenommen wurde, verdankte er seinem Vater – der war selbst Botschafter in einem anderen Land und somit Kollege des Gastgebers. Der Sohn hatte sich als Student von seiner Universität beurlauben lassen, um seinem Vater zur Hand zu gehen und außerdem noch durch verschiedene Länder Europas zu reisen.

In Riga blieb er eine Woche, um das Leben der Letten zu beobachten und auch mal zum Strand hinauszufahren. Er wohnte in der Mansarde des Botschaftsgebäudes und hatte dort einen Blick auf den prächtigen Garten, der von Ulmen bestanden war, die Peter der Große hatte pflanzen lassen.

Der Besuch kam der Frau des Botschafters sehr gelegen. Sie war Künstlerin und hatte gerade eine Holzschnitzerei in Arbeit – ein Altarbild, zu dem auch ein Engel gehörte. Dafür benötigte sie ein Modell. Als der Gast von einem längeren Spaziergang am Strand zurückkehrte, bat sie ihn zu posieren. „Der Bub mit seinem lockigen Haar und seiner jugendhaften Ernsthaftigkeit in seiner Ausstrahlung war wie von Gott selbst geschickt", berichtete sie später. Er „war das sympathischste und geduldigste Modell, das ich je gehabt habe."

Auf der Altartafel beugt er sich als Engel über die heilige Theresa, die an einem Buch schreibt. Das Werk war für eine Kirche in Antwerpen bestimmt. Als es vollendet war, war

Belgien allerdings von den Nazis besetzt. Die Tafel wurde dann dem Vatikan übergeben.

Das reale Vorbild des Engels hatte da schon längst Riga verlassen. Aber der junge Mann sollte sich später noch an diesen Aufenthalt erinnern.

Neun Jahre und einen verheerenden Weltkrieg später landete ein Fischerboot mit 29 lettischen Flüchtlingen an der Küste seines Landes. Die Männer, Frauen und Kinder kamen nicht direkt aus ihrer besetzten Heimat, sondern aus dem neutralen Schweden, von wo ihnen die Auslieferung an die Sowjetunion drohte. Aber auch in dem Land, das sie nun erreicht hatten, war ihr Bleiberecht nicht sofort gesichert. Sie hatten keine Papiere aufzuweisen.

Das ehemalige Modell war inzwischen Parlamentsabgeordneter geworden und setzte sich nun mit Engelszungen für die Bootsflüchtlinge ein. Er konnte die Behörden überzeugen, dass eine erzwungene Rückkehr für die Letten den sicheren Tod bedeuten würde, und brachte mit Erfolg eine Gesetzesvorlage ein, die die Abschiebung verbot. Die Sympathie für die Flüchtlinge wurde dadurch verstärkt, dass ihre Aktion an ein historisches Ereignis erinnerte, das in seiner Heimat eine Art Gründungsmythos darstellt.

Dank seinem Einsatz wurden weitere lettische Exilanten aufgenommen. 1955 nahm er an einer Feier anlässlich des lettischen Nationalfeiertages teil und erzählte vor 2000 Letten von seinem Vorkriegsbesuch in Riga und der schnitzenden Botschaftergattin.

Acht Jahre später wollten die Letten ihm und seiner Frau aus Dankbarkeit zwei Stühle zum Geschenk machen. Eine Frau, die auf dem Flüchtlingsboot dabei war, reiste mit den Geschenken und einem Brief in die Hauptstadt. Im Brief erinnerte sie an die Ankunft der 29 lettischen Flüchtlinge vor fünfzehn Jahren. „Ich bin eine der 29. Wir hatten Hunger und Durst. Wir kämpften um unser Leben... Wir sind Gott und Ihnen ... dankbar, dass Sie halfen, es möglich zu machen, dass wir in diesem Land bleiben können... Ich bin sicher, dass Ihnen diese Stühle gefallen werden."

Die Überbringerin musste mit der Übergabe allerdings noch warten, da der Empfänger gerade im Lande unterwegs war und noch eine Stadt im Süden besuchen wollte.

Eine Woche später wurden die Geschenke seiner Familie übergeben, denn er war inzwischen einem Attentat zum Opfer gefallen.

Wer wurde zum Schutzengel der Flüchtlinge, hatte aber selbst keinen?

21. Gestalten aus der Vergangenheit

Er war junger Student und gerade ein paar Jahre verheiratet, als er erlebte, was Krieg und Besatzung bedeutete. Eines Abends begann eine Welle von Bombenangriffen auf seine Heimatstadt. Als er nach der Entwarnung aus dem Luftschutzraum kam und auf die Straße trat, sah er, „wie der Turmhelm der Nikolaikirche auf das Hauptschiff sank". Bei einem weiteren Angriff wurde sein Wohnhaus zerstört: „Das Haus war bis auf die Grundmauern abgebrannt. Wir traten bis an den Rand der Mauer. Der Wind machte die durch den Fußboden in die Kellerecke gesunkenen verbogenen Klaviersaiten schwingen."

Einige Wochen später wurde er verhaftet. Er musste sich eine quadratische Zelle, die 2,20 Meter lang und breit war, mit vier anderen Häftlingen teilen. „Mein Schlaflager bekam ich auf dem Fußboden, den Kopf an den Kasten gelehnt, der das Klosett bedeckte und daraus einen üblichen Sitz machte als Stütze für den Hintern."

Drei der Zellengenossen waren zum Tode verurteilt worden und warteten auf die Antwort auf ihr Gnadengesuch. Er selbst kam nach vier Monaten frei. Eine neue Besatzungsmacht kam, die zunächst seinen Vater verhaftete. Dieser wurde in ein Gefangenenlager verschickt, von dem er nicht wieder zurückkehrte. Gut ein Jahr nach der Verhaftung des Vaters ereilte den Sohn das Schicksal.

Der 25-Jährige war auf dem Heimweg von der Hochschule. „Zwischen der Pforte der Kirche und dem Haus des Generals traten mir zwei Männer entgegen. Einer versperrte mir den Weg und der andere ergriff meine Mappe." Ob er eine Waffe habe, wurde er gefragt. Als er verneinte, wurde er aufgefordert, in die „Abteilung" zu kommen, damit kontrolliert werden könne, ob er an einem Einbruch in einen Lebensmittelladen teilgenommen habe.

Vor dieser Untersuchung wurde er in eine „Box" gesteckt, eine „winzige Kammer mit einer Bodenfläche von ungefähr einem Quadratmeter, in die der Häftling vorläufig ‚abgestellt' wurde. Wobei dieses ‚vorläufig' ein paar Stunden bis zu einigen Tagen dauern konnte." Nach dem ersten Verhör wurde ihm eine Zelle zugewiesen. Es folgten fast jede Nacht Verhöre.

Über anderthalb Jahre später „kam, was kommen musste, was aber inzwischen ausgesehen hatte, als ob es nie eintreffen würde." Mit drei oder vier anderen wurde er auf den Korridor beordert, und „eine völlig unbefangene Rotznase, das halbe Kinn mit Bartstoppeln bedeckt, die Uniformbluse nicht zugeknöpft, begann uns unsere Urteile vorzulesen." Er erhielt fünf Jahre Arbeits- und Erziehungslager wegen Landesverrats. Es wurden schließlich acht Jahre, die er in Russland am Polarkreis verbrachte. Da er groß gewachsen war, blieb ihm Arbeit im Bergwerk erspart. Zu seinen Aufgaben gehörte, abgebrochene Äste aufzusammeln, Holzbalken in eine Sägemühle zu befördern sowie Filzstiefel zu trocknen.

In der Verbannung traf er eine Frau, die ebenso wie seine daheimgebliebene Ehefrau Helga hieß und die er schon früher in der Heimat kennengelernt hatte. Der Grund, dass sie hierher geschickt wurde, war eine groteske Anschuldigung. Sie war im historischen Museum tätig und wurde mit Kollegen zusammen festgenommen – weil sie gemeinsam eine englische Intervention vorbereitet haben sollen, und zwar mithilfe der im Museum ausgestellten mittelalterlichen Waffen.

In Sibirien bezog er mit Helga ein kleines Häuschen, das nicht viel mehr als 20 Quadratmeter Fläche hatte: „Das war eine Art Windschutzhalle mit dahinterliegendem Raum, wo die früheren Eigentümer eine an das Klima gewöhnte zottige sibirische Kuh untergebracht hatten." 1954 konnten beide in die Heimat zurückkehren. Er ließ sich von der „ersten" Helga scheiden und heiratete die zweite. Später schloss er noch eine dritte Ehe.

Haft und Verbannung hatte er ertragen müssen, weil er sich mit Besatzung und Diktatur nicht arrangieren wollte. Leben zwischen Anpassung und Widerstand – das wurde zu seinem Lebensthema. Er erweckte Gestalten zum Leben, die mit diesem Dilemma konfrontiert waren und sich zwischen diesen Polen durchschlängeln mussten. Dass er damit an die Öffentlichkeit gehen konnte, war nur dadurch möglich, dass er diese Gestalten in der Vergangenheit suchte. Seine Leser erkannten aber die Gegenwart. Als sein Land wieder frei war, urteilte der Staatspräsident über ihn:

„Er hat ein Material gebraucht, das die sowjetische Zensur nicht verstanden hat, nämlich unsere Geschichte, und dieses Material gebraucht, um eine Zuversicht in unseren Herzen aufzubauen" – dass das Land eine Identität habe und folglich weiter bestehen werde.

Von wem ist die Rede?

22. Angst vor Attentaten

Im März richtete die Gouvernementsregierung der Provinz Estland ein Schreiben an den Revaler Rat, nach dem innerhalb einer bestimmten Frist die Brücken und Wege instandgesetzt und die Häuser, die seit dem letzten Kriege noch nicht renoviert waren, weiß und gelb gestrichen werden sollten. Es wurde hoher Besuch erwartet.

Dieser hohe Besuch erschien im Juli. Über dessen Eintreffen wurde die Bruderschaft der Schwarzenhäupter zuvor „vermittelst Trompetenschall" informiert, worauf sie sich versammelte, für den Anlass „exerziert und praepariert" wurde und der Herrscherin entgegenritt. Diese kam mit ihrem Gefolge mitten in der Nacht am Schloss Katharinental an. Nachdem die Monarchin den großen Saal des Schlosses betreten hatte, wurde ihr vom Bürgermeister – so das Ratsprotokoll – „zu Dero hohen Ankunft alleruntertänigst gratulieret". Das Protokoll der Schwarzenhäupter vermerkt dann: „Hierselbst hatten die damals anwesenden Offiziers dieser Kompagnie ... die hohe Gnade, nicht allein zum alleruntertänigsten Handkuss admittieret zu werden, sondern der Rittmeister empfing auch auf seine untertänigste Anfrage, ob die Kompagnie ihre devoteste Freude über diese hohe Ankunft durch ein Salve-Schießen an den Tag zu legen sich unterstehen dürfte, die allergnädigste Antwort, dass es geschehen könnte."

Wesentlich nüchterner liest sich ein Bericht, den eine mitreisende Familienangehörige der Herrscherin in ihren Memoiren von sich gab. Es war die Frau des Neffen, den die kinderlose Monarchin zu ihrem Nachfolger bestimmt hatte. Sie schrieb:

„Endlich kamen wir in Reval an; ganz Estland war auf den Beinen! Der Einzug ... erfolgte mit großem Pomp zwischen zwei und drei Uhr morgens bei furchtbarem Regenwetter und in solcher Dunkelheit, dass überhaupt nichts zu sehen war. Wir waren alle sehr herausgeputzt, aber soviel ich weiß, hat uns niemand gesehen, denn der Wind hatte sämtliche Fackeln ausgeblasen, und sowie wir die Wagen verlassen hatten, zogen wir uns alle in unsere Gemächer zurück." Mit dem Wetter hatte man beim Besuch der Herrscherin auch später kein Glück: „Sie hatte im Park von Katharinental eine große Tafel decken lassen, an der der ganze Adel Estlands, Herren und Damen, die Ehre haben sollten, mit Ihrer Majestät und dem ganzen Hof zu speisen. Gegen Ende des Mahles löschte ein gewaltiger Regenguss die Kerzen und verjagte uns vom Tische."

Zehn Tage nach Ankunft in Reval fuhr „Ihre Majestät" nach Rogerwyk weiter, einem Hafen, der von ihrem Vater angelegt worden war (und der später in Baltischport umbenannt wurde). Danach sollte die Reise nach Riga weitergehen. „Die Hofequipagen waren schon nach dieser Grenzstadt befördert worden, und alles rüstete zum Aufbruch, als sie plötzlich ihren Plan änderte und erklärte, sie würde die Flottenübungen ansehen" und dann in ihre Residenzstadt zurückkehren. So wurde die Reise abrupt abgebrochen, und der Besuch von Riga wurde auch später nie nachgeholt.

Die angeheiratete Nichte fand Jahre später einen Grund für den plötzlichen Entschluss, auf den zweiten Teil der Reise zu verzichten: „Als ich einmal eines Morgens früh nach meiner Gewohnheit in einer alten Truhe voll staubiger und von Ratten halbzerfressener Papiere kramte, fand ich dabei ein langes deutsches Schreiben eines fanatischen und verrückten lutherischen Pastors, der die Kaiserin im Namen Gottes anflehte und ihr im Namen der heiligen Dreieinigkeit befahl, nicht bis Riga weiterzugehen, wo man ihr, nach seiner Behauptung, auflauerte, um sie umzubringen." Diesen Brief habe er der Herrscherin geschickt, und sie sei darüber so erschrocken gewesen, dass sie die sofortige Rückreise befohlen habe. „Der Pastor wurde in die Festung gebracht, wo er als ein verrückter Schwärmer erkannt wurde. Das war alles."

Das klingt durchaus glaubwürdig, denn sie war von einer fast krankhaften Furcht vor Attentaten und Verschwörungen besessen. Sie selbst war im Alter von 21 Jahren durch einen Staatsstreich an die Macht gekommen, und sie fürchtete stets, auf dieselbe Weise gestürzt zu werden. Besonders hatte sie Angst vor der Dunkelheit und dem Schlaf, da sie immer an die Möglichkeit dachte, mitten in der Nacht aus dem Bett geholt zu werden. Daher verbrachte sie jede Nacht in einem anderen Zimmer und schlief erst im Morgengrauen ein.

Sie wurde jedoch nicht gestürzt. Zum Zeitpunkt ihres Todes hatte sie sich nicht nur an der Macht behaupten können, sondern war mit ihrem Land auch in einen großen Krieg verwickelt. Eine der Grundlagen zu diesem Krieg wurde bei dem Besuch in Reval gelegt: Hier wurde ein Bündnisvertrag mit Österreich unterzeichnet, der zehn Jahre später, „schlecht verstanden und falsch ausgelegt, ... durch die Intrigen der Höfe von Wien, Frankreich und Sachsen" aus dem Land, „das nach dem Vertrage nur ein Bundesgenosse war, eine kriegführende Partei machte" – so sah es kritisch die Memoirenschreiberin, die ein halbes Jahr nach dem Tode der Herrscherin selbst an die Macht gelangt war.

Wer entschloss sich Hals über Kopf zur Heimreise?

23. Kadaver-Ungehorsam

Die siebenhundertjährige Geschichte seiner Familie darzustellen, so sagte es einmal ein Historiker, hieße „die Geschichte Livlands schreiben". Das mag vielleicht übertrieben sein, aber das Geschlecht hatte Einfluss durch seinen großen Landbesitz und nahm teil an den Streitereien zwischen Orden und Erzbischof sowie mit anderen Ländern. Mitunter wurden auch Kriege auf eigene Faust geführt. Als der Magistrat von Reval 1535 einen Familienangehörigen hinrichten ließ, führten die Hinterbliebenen einen Rachefeldzug, der das Land in einen Bürgerkrieg stürzte.

Über zweieinhalb Jahrhunderte später setzte sich sein Urgroßvater erfolgreich für die Befreiung der Bauern Estlands aus der Leibeigenschaft ein. Sein Vater brachte es zum Oberbürgermeister von Reval und baute die Wasserversorgung der Stadt auf.

Auch er selbst fiel schon als Kind durch seine Begabungen auf. Er konnte so gut Schach spielen, dass seine Eltern ihm das Brett und die Figuren wegnahmen – angeblich aus Sorge, er könnte seinen Kopf überanstrengen, vielleicht aber auch, weil sie nicht mit ansehen konnten, wie er selbst gewiefte Schachspieler in Verlegenheit brachte. Aber auch sonst hatte er Gelegenheit, intelligente Problemlösestrategien einzusetzen.

Einmal – er war nach seiner späteren Erinnerung fünf oder sechs Jahre alt – nahm die Gouvernante ihn und seine kleine Schwester mit nach Reval, um dort eine Schneiderin aufzusuchen. Die Schneiderin arbeitete in einem Hinterhaus, das durch einen Hof zu betreten war. Fräulein Christof, die Kinderfrau, wies die Kinder an, den Hof nicht zu verlassen, solange sie drinnen war. Nun war für ihn, der auf dem Lande aufwuchs, die Stadt viel zu interessant, als dass er im Hof verbleiben wollte. Jahrzehnte später erinnerte er sich:

„Der Hof war klein, schmutzig und uninteressant – und das Warten machte uns keinen Spaß. Da sah ich in der hintersten

Ecke des Hofes eine riesige tote Ratte liegen. Ich ergriff sie am Schwanz und legte sie auf die Türschwelle, die unsere Gouvernante überschreiten musste.

‚So', sagte ich meiner Schwester, ‚darüber kommt sie nicht hinweg. Jetzt können wir uns die Stadt ansehen.'

Hand in Hand zogen wir ab und genossen in aller Ruhe den Anblick aller Herrlichkeiten in den Schaufenstern... Nach geraumer Zeit kehrten wir in den Hof zurück, und da bot sich uns das Bild, das ich erwartet hatte. Fräulein Christof stand an der Türschwelle mit gesträubten Haaren und verzweifelten Gebärden, völlig außerstande, über die tote Ratte hinwegzuschreiten. Heldenmutig griff ich die Ratte am Schwanz und legte sie wieder an ihren alten Platz. Fräulein Christof, selig über ihre Befreiung, überschüttete mich mit unverdienten Lobsprüchen."

Vor Tieren, ob tot oder lebendig, hatte er auch sonst keine Scheu. Im Gegenteil, sie faszinierten ihn. Die Ferien verbrachte er – auch als Erwachsener – meist auf Pucht, estnisch Puhtu, einer im Familienbesitz befindlichen kleinen Halbinsel an der Westküste Estlands. Vögel aller Art lebten an den Ufern. Als Student beobachtete er sie gebannt mit dem Fernglas. Auch als er sich längst in Deutschland niedergelassen hatte, kehrte er immer wieder hierher zurück.

Der Erste Weltkrieg und seine Folgen brachten für ihn scherzhafte Einschnitte. Als er Pucht 1916 besuchte, fand er dort alle Sommerhäuser niedergebrannt. Er verlor sein Vermögen dann durch die Güterenteignung. Immerhin wurde ihm die Halbinsel als Sommersitz und Forschungsstation zurückgegeben. Bis 1939 verbrachte er die Sommer dort.

Allerdings war es durch den Verlust der Güter nicht mehr möglich, als Privatforscher Expeditionen in ferne Länder zu unternehmen, wie er es in jungen Jahren getan hatte. Aber hierdurch ergab sich die Chance, seine Wissenschaft am Schreibtisch weiterzuführen, indem er seine Forschungsergebnisse sichtete und theoretisch untermauerte.

Jeder Mensch und jedes Tier, so lehrte er, lebt in seiner „Umwelt": „Ein jeder Gegenstand ändert sich von Grund auf, wenn er in eine andere Umwelt versetzt wird. Ein Blütenstängel, der in unserer Umwelt der Träger einer Blume ist, wird in der Umwelt der Schaumzikade zu einer mit Flüssigkeit gefüllten Röhre, aus der die Zikade die Flüssigkeit, die sie zur Erbauung ihres aus Schaumbläschen bestehenden Hauses benötigt, herauspumpt... Für die weidende Kuh wird der Blütenstängel zu einem kleinen Teil ihrer wohlschmeckenden Nahrung... Es ist nichts als eine Denkbequemlichkeit, von der Existenz einer einzigen objektiven Welt auszugehen, die man möglichst seiner eigenen Umwelt angleicht und die man nach allen Seiten räumlich und zeitlich erweitert hat." Auch die Umwelten einzelner Menschen unterscheiden sich: Eine tote Ratte war für ihn durchaus harmlos, in der Umwelt seiner einstigen Gouvernante aber etwas Furchterregendes.

Er wurde zweimal für eine hohe Auszeichnung vorgeschlagen, da er „die wissenschaftliche Weltanschauung einer Generation von Forschern von Grund aus verwandelt habe". Er erhielt die Auszeichnung aber doch nicht. Das hinderte seinen Enkel aber mehr als ein halbes Jahrhundert später nicht, eine „alternative" Variante des Preises ins Leben zu rufen.

Wer war's?

24. „Kein größeres Opfer"

Als sie sechzehn war, meinte ihre Mutter, sie hätte jetzt genug gelernt. Ihr ging es darum, die Tochter gut und schnell unter die Haube zu bringen. Diese verfolgte aber selbst ganz andere Ziele. Sie wollte am liebsten im Ausland studieren. In der Schule hatte sie angefangen, Gedichte zu schreiben. Sie sang im Chor, interessierte sich fürs Theater, lernte Griechisch und Latein. Es gab jahrelange Konflikte mit den Eltern. Zweimal lief sie von zu Hause weg, wurde aber jedes Mal zurückgeholt.

Als sie schließlich verheiratet wurde, war sie einundzwanzig. Die Ehe – ihre erste von zweien – war nur von kurzer Dauer. Über den Ehemann weiß man nicht viel. Jedenfalls ist nicht viel Gutes von ihm zu berichten. Er war ein Trinker und Zocker und verschwendete in zwei Jahren das ganze Vermögen ihrer Familie. Er soll sie sogar, so berichtet eine Biografin, in der nächstgelegenen Stadt in einen Raum eingesperrt haben, wo sie mitbekommen haben soll, wie er um einen Preis feilschte. Anscheinend war er bereit, sie für 4000 Rubel als Sklavin zu verkaufen. Sie habe aber durch das Fenster entfliehen können. Danach hat sie jedenfalls ihren Mann nicht mehr gesehen; vermutlich hat er sich nach Amerika abgesetzt.

Nach diesem Fiasko musste sie noch für den Unterhalt der Familie aufkommen: für den Vater, der dem Alkohol verfallen war, für die psychisch labile Mutter und die jüngeren Geschwister. Sie nähte und arbeitete in einer Bäckerei. Die Abhängigkeit der Familie machte sie aber auch frei. Sie brauchte sich nichts mehr sagen zu lassen. So ließ sie ihrer Leidenschaft fürs Theater freien Lauf und machte sich einen Namen als Stückeschreiberin.

Einmal ärgerte sie sich über eine Zeitungsrezension eines ihrer Dramen, da sie meinte, der Kritiker hätte die Hauptfigur völlig missverstanden. Sie war so aufgebracht, dass sie persönlich die Redaktion aufsuchte. „Ohne nachzudenken, stürmte ich in das Büro, warf das Blatt auf den Tisch und sagte, sie könnten so schlecht schreiben, wie sie wollten, aber nicht falsch... Ich sah mir gegenüber einen jungen Mann sitzen, den Redakteur persönlich, blass, dünn, in schlichten Kleidern... Er versprach, die Korrekturen vorzunehmen. Seine Augen begegneten mir wie zwei unergründliche Tiefen. Er fragte mich, ob er mich besuchen dürfte. Ich gewährte ihm die Bitte."

Der junge Redakteur, mit dem sie bald eine Liebesbeziehung verband, gab später seine Stellung bei der Zeitung auf, um sich an einem anderen Ort als Rechtsanwalt niederzulassen. Sie folgte ihm dorthin. Da er sich in einer politischen Vereinigung engagierte, wurde er verhaftet und kam für mehrere Monate in Untersuchungshaft. Sie musste sich um ihn kümmern: „Dieser Moment legte die Grundlage für die große Liebe, die wie Mutterliebe ist und die Verzicht und Selbstaufopferung fordert."

Sie brachte die Selbstaufopferung. Täglich besuchte sie ihn im Gefängnis und versorgte ihn mit Essen und Büchern. Er hatte schon zuvor zu schreiben begonnen, und sie ermöglichte es, dass er damit fortfahren konnte. Er brauchte dazu ihre Ermutigung, denn er war sich unsicher, ob er mit seinen Werken Erfolg haben würde.

Schließlich wurde er zu fünf Jahren Verbannung verurteilt. Da sie ihn nur als Ehefrau begleiten konnte, heirateten sie in der Gefängniskapelle, nachdem sie schon früher die Scheidung von ihrem ersten Mann erreicht hatte.

Die Ehe dauerte über dreißig Jahre, bis zu seinem Tode. Es waren schwere Jahre darunter, etwa als sie längere Zeit im Ausland verbringen mussten. Auch das war für sie ein Opfer. Sie litt an Heimweh, und ausgerechnet in dieser Zeit starben ihre zwei Brüder und ihre Mutter.

In den späteren Jahren lebten sich die Eheleute auseinander. Sie besaßen zwei Häuser, eins in der Stadt und eins draußen am Meer, und sie lebten manchmal getrennt. Er reiste oft ohne seine Frau. Und er hatte Beziehungen zu jüngeren Frauen.

Nach seinem Tode widmete sie sich seinem Nachlass. Sie veröffentlichte seine Briefe und Tagebücher. Das traf nicht überall auf Zustimmung. Er war in seinem Volk zu einem Mythos geworden. Daher verübelte man ihr, dass durch die Veröffentlichungen private Dinge ans Licht kommen könnten, die dem Idealbild, das man sich von ihm machte, nicht entsprächen und sein Denkmal beschädigen könnten. Sie rechtfertigte sich damit, dass die Veröffentlichung seinem Willen entsprochen und er die Unterlagen zu diesem Zweck aufbewahrt habe.

In Wirklichkeit könnte auch eine Rolle gespielt haben, dass sie sich rächen wollte: Rächen an der Öffentlichkeit, die ihre Verdienste nicht wahrnehme, und an ihrem Mann, der sich in seinem Ruhm gesonnt und die Mitwirkung seiner Frau an seinem Werk unterschlagen habe. Einmal beschwerte sie sich über einen Biografen ihres Mannes, der sie nicht erwähnt habe: „Damit disqualifiziert er sich selbst... [Mein Mann] ist ohne mich nicht vorstellbar. Ich habe [ihn]... der ganzen Nation gegeben und dabei mein Leben und mein Werk geopfert. Es gibt kein größeres Opfer."

Wer war's?

25. Überwinterung im Sommerhaus

Eines Tages erhielt Wanjka, die baltische Malerin, in Riga unerwarteten Besuch. „Als meine Pensionsmutter mir eine alte Zigeunerin in der Dämmerung an meine Zimmertür brachte, die durchaus nicht abzuweisen war und unter unverständlichem Gemurmel meine Hand nahm, um wahrzusagen, war ich sehr entrüstet und wollte sie hinauswerfen, aber sie ging nicht, mir wurde die Sache ganz unheimlich und ich wollte schon Hilfe herbeiholen, als ich plötzlich in seine blauen Augen sah." Und da erkannte sie, dass die „Besucherin" in Wirklichkeit ihr verkleideter Bekannter Hans war, der sich einen Spaß erlaubt hatte.

Die „Masche" mit der Zigeunerin hatte er allerdings nicht das erste Mal angewandt. Bereits einige Monate zuvor, als er nach Riga gekommen war, hatte er sich in dieser Aufmachung in die Bordelle begeben, um dort den Freudenmädchen aus der Hand zu lesen und sich damit ein paar Kopeken zu verdienen. Als Abenteurer, der einige Jahre zur See gefahren war, hatte er immer Ideen, wie er sich über Wasser halten konnte.

Dass er überhaupt ins Baltikum kam, geht auf seine Münchner Zeit zurück. Dort hatte er ein Leben als Bohemien geführt und war in einer Künstlerkneipe mit eigenen Gedichten aufgetreten. Er hatte dort nicht nur Wanjka kennengelernt (ihr richtiger Name war Selma des Courtes), sondern auch den baltischen Baron von Seebach. Dieser lud ihn zu seiner Hochzeit auf das kurländische Gut Halswigshof ein, auf dem seine Braut aufgewachsen war. So reiste Hans zunächst nach Riga und dann auf das Gut der Schwiegereltern des Freundes.

Halswigshof „bestand aus einem stattlichen Herrenhaus … und vielen, um einen Park verteilten Nebengebäuden". Dort verbrachte der 28-Jährige den Sommer in „reicher Freiheit und süßem Nichtstun". Es wurde ihm zum „Sport, jeden Mittag mit einer anderen Krawatte zu erscheinen und dazu eine entsprechende Blume im Knopfloch zu tragen". Es gab einen

Flirt mit einem Mädchen, das er „Schnupperschnäuzchen" nannte. Nachts traf man sich „hoch im Wipfel einer Kiefer, deren untere Zweigstümpfe bequeme Sprossen zum Aufstieg boten. Wir ... redeten viel, ein wenig aneinander vorbei, aber beiderseits verliebt. Nur wenn die Baronin kontrollierend den Park durchstreifte, verhielten wir uns mäuschenstill und stießen einander lächelnd an."

Auch sportlichen Abenteuern war er nicht abgeneigt. Nachdem er und sein Freund Seebach schon einige Schnäpse genossen hatten, kamen sie auf die Idee, „quer über die breite Düna zu schwimmen... Die anderen warnten uns, aber wir zogen die Kleider aus und sprangen nackt ins Wasser. Mitten im Strom versagten Seebach die Kräfte. Er schrie mir zu, dass er einen Herzklaps bekäme." Zum Glück kam gerade ein Floß vorbei, das beide aufnahm. Nach einiger Zeit hatte sich der Freund erholt, und so konnten sie ans Ufer schwimmen. Aber die Strömung hatte sie inzwischen weit fortgetrieben. „Wir mussten zu Fuß stundenlang zurückwandern, nackt und ohne Geld, was uns aber nicht davon abhielt, unterwegs in einem simplen Gasthof einzukehren."

Mit der Hochzeit des Freundes war Hans' Zeit in Halswigshof vorbei. Aber er blieb noch im Baltikum. Fanjka, eine weitere baltische Bekanntschaft aus München, hatte ihm ihr Sommerhaus in Bilderlingshof bei Riga zur Verfügung gestellt – aber gleichzeitig davon abgeraten, es im bevorstehenden Winter zu bewohnen, da er vor Kälte umkommen werde. Das nahm er zunächst nicht sehr ernst und genoss das „Robinsonglück einsamer Freiheit". Doch als die kalte Jahreszeit kam, begriff er, was Fanjka mit ihrer Warnung gemeint hatte:

„In Bilderlingshof brachte ich ein Zimmer durch starkes Einheizen auf dreizehn Grad Kälte... Das Brot war wie Stein. Die Butter bröckelte wie Sand... Wenn ich Kaffee oder Würstchen kochte, dann zunächst nicht in Wasser, sondern auf Eis. Eis hatte die Wasserflasche gesprengt. Morgens war die Ofentür festgefroren. Den Klosettdeckel musste ich jedes Mal mit dem Beilrücken losschlagen." Der Ofen verräucherte das ganze Zimmer, aber er wagte wegen der sibirischen Kälte nicht, das Fenster zu öffnen.

Gleichzeitig plagten ihn Geldsorgen. In der Münchner Zeit hatte er schon einen Gedichtband veröffentlicht, aber ein finanzieller Erfolg war damit nicht verbunden. Zeitweise musste er seine Manschettenknöpfe in Riga versetzen. Eine lettische Waschfrau, die er nicht bezahlen konnte, schickte ihm sogar einmal fünf Geldeintreiber mit Knüppeln ins Haus. Er machte nicht auf, und die Letten versuchten, seine Tür einzutreten. Als es nicht gelang, zogen sie wieder ab.

Schließlich fand er durch die Vermittlung einer Bekannten eine Stelle als Privatsekretär beim Grafen Yorck von Wartenburg in Schlesien. Damit war der Abschied gekommen von Bilderlingshof und Riga, von Wanjka und von Fanjka. Das Baltikum sah er wenige Jahre später noch einmal wieder – im Ersten Weltkrieg, wo er sich zur Marine meldete und auch nach Libau kam.

Nach dem Weltkrieg legte sich Hans ein Pseudonym zu, und seine Karriere als Dichter und Bühnenkünstler kam ins Rollen. Schon vor dem Krieg war er in München Mitglied eines „Geheimbunds" junger Dichter und Maler gewesen, dem auch Siegfried von Vegesack angehört hatte. Dieser erinnerte sich später an Hans' „merkwürdiges Vogelgesicht" mit „einer schnabelartig vorspringenden Nase. Und scharf und spitz war auch seine Zunge, voll sprühendem Witz, doch nie verletzend. Er gab sich, wie er war, natürlich und ungezwungen – man fühlte sich in seiner Gegenwart wohl und wurde schnell mit ihm vertraut…"

Wem galten diese Erinnerungen?

26. Opfer fürs „fremde" Land

Seine Witwe ließ für ihn ein Mausoleum errichten, in dem heute beide Eheleute ruhen. Man erreicht das klassizistische Gebäude über eine Tannenallee. Darin befindet sich ein vier Meter hohes Denkmal, das aus Granit, Marmor, Bronze und Porphyr besteht. Im Zentrum des Denkmals steht seine Büste, flankiert von der Göttin Athena, die einen Lorbeerkranz über seinem Haupte hält, und einer sitzenden Frauenfigur, die das trauernde russische Vaterland verkörpert. Vor dem Sockel seiner Büste liegen sein Helm und die Zarenkrone. Darunter zeigt eine Reliefdarstellung eine seiner Heldentaten, die sich in einer westeuropäischen Hauptstadt abspielte. Im Untergeschoss stehen die Sarkophage von ihm und seiner Frau.

Nicht immer konnte er zu seinen Lebzeiten einen solchen Ruhm genießen, wie er ihm nach seinem Tode zuteil wurde. Misstrauisch beäugt wurde er anfangs wegen seiner Herkunft: Sein Name wies darauf hin, dass seine Vorfahren aus einem anderen Land stammten; russisch sprach er mit deutschbaltischem Akzent, und mit seiner Familie sprach er nur deutsch und gehörte überdies dem evangelischen Glauben an.

In einer für das Land besonders gefährlichen Situation war die Stimmung in der Öffentlichkeit auf Konfrontation mit dem Eindringling ausgerichtet, er aber verfolgte die Strategie des Rückzugs, um den Gegner ins Leere laufen zu lassen. Das kam allgemein schlecht an. Die Vorwürfe gingen von Feigheit bis hin zur Feindbegünstigung. Schließlich wurde er von seinem Posten abgesetzt und musste sich mit einer nachgeordneten Position begnügen. Es kam sogar dazu, dass er von einer wütenden Volksmenge angegriffen und als Verräter verunglimpft wurde.

Immerhin behielt er das Vertrauen des Zarenpaares. Einmal nahm er an einem Empfang im Petersburger Winterpalast teil. Als er den Audienzsaal betrat, wurde er von den Anwesenden geschnitten. Niemand nahm von ihm Notiz, und er zog sich ans letzte Fenster zurück. Als die Kaiserin hereinkam, ging sie gleich auf ihn zu und reichte ihm beide Hände. Nachdem sie gegangen war, taten es ihr plötzlich alle gleich und begrüßten ihn.

Inzwischen hatte er sich schon auf sein livländisches Gut zurückgezogen – dorthin, wo heute sein Mausoleum steht. Die Aufregungen hatten ihm auch gesundheitlich stark zu schaffen gemacht. Aber er kehrte bald darauf in den Dienst zurück und konnte sein Werk vollenden, indem er den Gegner bis nach Hause verfolgte.

Damit stand er auf dem Höhepunkt seines Ruhmes. Er war nun zweiundfünfzig und wurde in den Fürstenstand erhoben. Zugleich erhielt er Ehrungen aus verschiedenen Ländern, darunter den goldenen Ehrensäbel aus England.

Indes war seine Gesundheit untergraben. Ein paar Jahre später bat er den Zaren um die Gewährung eines zweijährigen Urlaubs, um sich in Böhmen auszukurieren. Er machte sich mit seiner Familie, einem Arzt, einem Adjutanten und mehreren Dienern auf die Reise. Seine Nichte, die er adoptiert hatte, erinnerte sich:

„Die Reise ging über Riga, Memel, Tilsit bis in die Nähe Insterburgs. – Mit Schmerz und Angst sah ich immer deutlicher, wie sehr mein teurer Onkel litt; oft musste der Wagen halten, wenn der Brustkrampf zu arg wurde, und vom mitreisenden Arzt unterstützt, stieg er dann aus, um einige Schritte zu gehen… Nicht mehr weit von Insterburg erklärte der Arzt, der Kranke könne nicht weiterfahren. Der Adjutant eilte auf einem der Postpferde voraus, um eine Wohnung in der Nähe zu suchen… Mit welchem Blick sah mich der teure Onkel an! Ach, ich ahnte nicht, dass es der letzte war!"

Der Kranke starb in der folgenden Nacht, gerade sechsundfünfzig Jahre alt. Die Leiche wurde einbalsamiert und von preußischen Truppen mit allen Ehren bis an die russische Grenze begleitet, wo sie von einer russischen Ehrengarde übernommen wurde.

Der Preußenkönig ließ nahe dem Sterbeort einen Obelisken mit einer deutschen und einer russischen Inschrift errichten. Außerdem erinnern Denkmäler in Riga und Dorpat an ihn – und eben das beschriebene Mausoleum im heutigen Südestland. Und schließlich gibt es noch ein literarisches Denkmal: ein Gedicht von Alexander Puschkin, der ihn als tragischen Helden darstellt:

„Dich schlug des Schicksals Macht: / Du hast dem fremden Land zum Opfer dich gebracht. / Voll hohen Geists bist du, einsam und schweigend, mitten / Durchs rohe Volk, dem du ein Rätsel warst, geschritten; / Weil deines Namens Klang, der fremde, ihm verhasst, / Verfolgte dich das Volk, das du gerettet hast, / Mit Hohn und mit Geschrei, um Spott und Schimpf und Schaden / Auf dein ergrautes Haupt, das heilige, zu laden…"

Wem ist das Gedicht gewidmet?

27. Vom Feuerwerker zum Netzwerker

Sein Forscherdrang zeigte sich schon beim Schüler. Da fiel ihm einmal ein Buch über Feuerwerkerei in die Hände, das auch eine Anleitung zum Bau von Feuerwerkskörpern enthielt. Sofort begeisterte er sich dafür, dies in die Tat umzusetzen. Später erinnerte er sich, dass es entscheidend für sein Leben geworden sei, „dass ich bei dieser frühen Gelegenheit die Erfahrung machen konnte, dass alle Kunst und Wissenschaft der Menschheit im gedruckten Wort aufbewahrt ist und von einem eifrigen und hingebungsvollen Leser jederzeit wieder zu tätigem Leben erweckt werden kann... So hatte die Spielerei mit dem Feuer mir tatsächlich das Tor zur Welt und all ihren Herrlichkeiten aufgetan..."

Seine Eltern ließen ihn gewähren, obwohl seine Basteleien nicht ungefährlich waren. „Meine Mutter half mir mit allerlei Küchengerät, Mörser, Sieb, Schüsseln aus. Und selbst als einmal ein ganzer Stoß Leuchtkugeln, die ich zum Trocknen in den Backofen gestellt hatte, zum schreienden Entsetzen des Küchenmädchens aufbrannte, wurde mir mein Treiben nicht verboten, sondern die Eltern räumten mir eine Bodenkammer ein, wo ich meine Zauberkünste treiben durfte."

Auch die Fotografie reizte ihn. Einmal wettete er mit einem Mitschüler, er könne ihn ablichten, obwohl er keinen Fotoapparat zur Verfügung hatte. Er bastelte aus Zigarrenkisten seines Vaters eine Kamera, nahm das Opernglas seiner Mutter als Objektiv, gewann Silber für das Silbernitrat aus einem kaputten Löffel und entschied die Wette zu seinen Gunsten.

Nach dem Abitur kam nur ein wissenschaftliches Studium infrage. Der Weg von seiner Heimatstadt Riga in die Universitätsstadt Dorpat wurde mit dem Pferdeschlitten zurückgelegt, da dort noch keine Eisenbahn verkehrte. Bald erfuhr er, dass im dortigen Studentenleben nicht nur Fleiß und wissenschaftlicher Eifer eine Rolle spielten. Mit einem Kommilitonen bezog er eine einfache Wohnung. Da die Kneipen bereits um

22 Uhr schließen mussten, fanden die abendlichen Gelage in den Studentenbuden statt. Schon am ersten Abend war er als Gastgeber an der Reihe:

„Die Gesellschaft war sehr groß und angeregt, da eben der Abschied eines alten und beliebten Landsmannes nach bestandenem Examen gefeiert worden war. Mit erstaunten Augen sah ich das wüste Treiben und die ungeheuren Biermengen an, die vertilgt wurden. Gegen drei Uhr morgens wurde der Gefeierte bewusstlos... Er wurde kurzerhand in mein Bett gelegt, die Gesellschaft zerstreute sich und mein unerwarteter Gast erleichterte seinen überfüllten Magen durch Ströme erbrochenen Biers."

Er selbst nächtigte dann notgedrungen auf dem Sofa. Am Morgen „erwachte ich gleichzeitig mit dem Gast, mit dem ich am Abend vorher nicht bekannt geworden war." Dieser brauchte erst einmal einige Zeit, „bis er wusste, wer und wo er war", nahm dann „Mantel und Mütze und ging davon, ohne ein Wort zu sagen." Er selbst schlief wieder ein und hatte später angesichts der hinterlassenen „Wüstenei" keine rechte Lust aufzustehen, stellte dann aber überrascht fest, dass um ihn herum die beste Ordnung herrschte. Denn inzwischen hatte die „Aufwärterin, eine kräftige ältere Estin, die mit der Wohnung zusammen gemietet worden war", alles aufgeräumt und sauber gemacht.

Zum eigentlichen Studieren kam er zunächst nicht, denn in der Studentenverbindung, der er beigetreten war, herrschte die Auffassung vor, dass „der Besuch der Vorlesungen als schädliche Ablenkung" vom Einleben in die Korporation „eher zu vermeiden" sei. „Studieren könnten wir hernach, nachdem wir uns in der ‚goldenen Burschenzeit' einen Schatz von schönen Erinnerungen für unser späteres Philisterleben gesammelt hätten. Obwohl mir diese Lehre nicht recht einleuchten wollte, da ich dachte, dass jede Lebenszeit ihre eigenen Freuden bringen müsse, für welche schöne Erinnerungen nur ein unzulängliches Surrogat wären, ... ließ ich mich doch zunächst durch das einstimmige Urteil meiner Umgebung leiten."

So kam die Wissenschaft im ersten Semester noch nicht auf ihre Kosten. Doch das sollte sich bald ändern. Er machte eine steile wissenschaftliche Karriere, wurde Professor in Riga, schließlich in Leipzig, und konnte schließlich die höchste Auszeichnung in seinem Fach in Empfang nehmen.

Aber neben seiner wissenschaftlichen Arbeit fand er immer noch Zeit für gesellschaftliches Engagement. 1911 gründete er mit anderen zusammen eine Vereinigung namens „Die Brücke – Internationales Institut zur Organisation der geistigen Arbeit". Ziel war es, weltweit alles Mögliche zu normieren und zu standardisieren: Maße und Gewichte sollten ebenso einheitlich sein wie Papierformate. Man dachte auch an eine Weltwährung, ein Weltpatentamt und einen einheitlichen Kalender. Außerdem sollte das Wissen der Welt gesammelt und allgemein zugänglich gemacht werden. Daneben bemühte er sich um die Durchsetzung einer künstlichen Weltsprache, die der Verständigung der Völker, aber insbesondere auch dem internationalen wissenschaftlichen Austausch dienen sollte.

Der Grund für all diese Initiativen war die Vermeidung von „Energieverschwendung". Damit war aber nicht einfach unnützer Verbrauch von Kohle, Öl oder Strom gemeint. Energie war für ihn „die allgemeinste Substanz", das „einzig Reale in der Welt". Daher müsse es Grundlage allen Handelns sein, dass Energie genutzt und nicht vergeudet werde. Die „Brücke" und die Weltsprache sollten vermeiden, dass durch unnötige geistige Arbeit Energie verloren ginge.

Zu der Entstehung des geistigen globalen Netzwerkes, das er sich erträumte, kam es damals jedoch nicht. Heute lassen sich einige seiner Ideen durch das Internet verwirklichen. Damals war die Zeit noch nicht reif. Drei Jahre nach Gründung der „Brücke" ging das Projekt, das Länder und Völker miteinander verbinden sollte, an personellen und finanziellen Engpässen zugrunde – wenige Monate vor Ausbruch des Ersten Weltkrieges.

Welcher Wissenschaftler kämpfte aus „Energiespargründen" für internationale Standards?

28. Die Glocken von Vineta

„Dass Vineta und Thule im Meer versanken", schreibt sie in ihrem autobiografischen Werk, „mag eine Legende sein." Aber die Legende sage auch, „dass ‚Sonntagskinder' manchmal unter den grauen Wassern der Ostsee die Glocken des versunkenen Vineta zu hören vermögen, ein seltsam eindringliches Läuten, wie aus einer anderen Welt, die ihnen dennoch etwas sagen möchte…"

In ihrem Leben hat sie viele Untergänge und Verluste erlebt: Die Welt, in die sie als Tochter eines adligen Grundbesitzers hineingeboren wurde und die in ihrer Jugend ewig und unveränderlich schien, ging Stück für Stück verloren – erst die Gesellschaft, in der sie aufgewachsen war, schließlich die baltische Heimat.

„Nach dem Weltkriege, nach der todesschwarzen Bolschewikenzeit … kam mit der Normalisierung des täglichen Lebens auch die tägliche große Existenzsorge: Wovon sollen wir leben? Alles Geld war bei der Evakuierung der Banken nach dem Inneren Russlands verloren gegangen… Das Familiengut, von dem uns ein monatliches Stipendium zustand, war enteignet worden."

Da ihr Vater tot war und Mutter und Schwester aus Gesundheitsgründen nichts zum Lebensunterhalt beitragen konnten, musste sie die Familie durchbringen. Kurze Zeit arbeitete sie als Kloakenreinigerin. Dabei füllte sie den Inhalt von Latrinen in Eimer und verteilte diesen dann als Dünger auf den Feldern. Diese Tätigkeit gehörte, wie sie in ihren Erinnerungen schrieb, zu ihren „wertbeständigsten Erlebnissen". Daneben verbrachte sie viel Zeit in den Wäldern, um Holz für den Winter zu sammeln: „Dieses Brennholzholen aus fremdem, d. h. enteignetem Walde war, wenn auch die gesamte arme Bevölkerung der Stadt sich dessen befleißigte, bei Strafe verboten, so man nicht irgendwelche Scheine vorweisen konnte, die ich nicht besaß."

Schließlich wurde sie 1921 als Schwester beim Amerikanischen Roten Kreuz angestellt. Sie machte Hausbesuche bei bedürftigen und kranken Kindern. Nach zwei Jahren verlor sie jedoch diese Stellung, da diese Funktion nach einer neuen Verordnung nur noch von Schwestern mit lettischem Staatsexamen ausgeübt werden durfte. Darauf belegte sie Englischkurse bei einem Professor aus Oxford, um dann ihrerseits Englischstunden zu erteilen – sowohl privat als auch an einer „Russischen Schule", wo sie jüdische Kinder, deren Familien aus Russland geflohen waren, unterrichtete. „Dass mein Unterricht in dieser Schule viel Früchte trug, konnte niemand behaupten. Bücher waren unerhältlich zu jener Zeit... Die meisten brachten weder Papier noch Bleistift noch Aufmerksamkeit mit. Was ich an die Tafel schrieb, hätte ich ebenso gut in den Staub des Fußbodens schreiben können."

Mit dreiunddreißig heiratete sie einen Professor an der Universität Dorpat. Ihm folgte sie zwei Jahre später nach Deutschland, wohin er einen Ruf erhalten hatte. „So führte unser Weg aus Estland bis in das fern-, sehr ferngelegene Frankfurt am Main hinüber, und erst hier fühlte ich mich meiner Heimat tatsächlich entrückt – ihr entrückt, nicht ihr verloren gegangen."

1942, mitten im Krieg, sah sie ihre vom Deutschen Reich besetzte kurländische Heimat wieder. Ihre Schwester und deren Tochter hatten sich nicht der Umsiedlung angeschlossen, und für ihren Besuch erhielt sie ein auf zehn Tage begrenztes Visum.

Die Angehörigen hatten inzwischen ihr Haus verlassen und in eine Baracke am Stadtrand umziehen müssen. „Vom Mobiliar der einstigen großen Wohnung waren ihnen nur wenige Möbelstücke erhalten geblieben. In einer halben Stunde hatten sie den Aus- und Umzug bewerkstelligen müssen, und nur dank der Hilfsbereitschaft des früheren jüdischen Holzhändlers Isakowitsch, der ihnen Pferd und Gefährt und eigene Körperkräfte zur Verfügung stellte, war es ihnen möglich geworden, wenigstens das nötigste: Betten, paar Stühle und

Tische, ein Sofa, einen Mahagonischrank mitnehmen zu können."

An einem der letzten Tage des Aufenthaltes besuchte sie mit ihrer Nichte den Ort, an dem ein Jahr zuvor eine Massenerschießung der jüdischen Bevölkerung stattgefunden hatte: „In dieser Erde ... lagen sie nun beisammen. Kein Name, kein Wort des Gedenkens erinnerte an ihr erloschenes Leben. Viele von ihnen hatten wir gekannt, viele waren einst meine Schülerinnen gewesen: Lea und Rachel, Judith und Malko, viele hatten wir vor unseren Fenstern als Kinder spielen gesehn..."

Während ihre Schwester und ihre Nichte bis zu ihrem Tode in der Heimat lebten, ließ sie sich mit ihrer Familie nach dem Krieg in Bayern nieder. Sie wurde als Schriftstellerin berühmt und erhielt zahlreiche Auszeichnungen. Bereits mit neunzehn hatte sie ihren ersten Gedichtband veröffentlicht. In späteren Jahren setzte sie sich in Romanen und Erzählungen mit ihrer baltischen Heimat auseinander.

„Wozu sich an Versunkenes erinnern?", fragte sie und erklärte: „Auch in unserer versunkenen Heimat ... läuten, nach jahrzehntelangem Verbot, sonntags die Glocken... Dass wir die Glocken nicht mehr zu hören vermögen, liegt vielleicht an der Entfernung, die zu groß geworden ist, oder an den Wassern, die gar zu tief sind – oder an uns selber."

Wer war die Schriftstellerin?

29. „Wir jedoch wollen dawider sein"

Dass seine Heimat weit weg von seinem lebenslangen Wirkungsort lag, war nicht ungewöhnlich. Die Organisation, in der er Karriere machte, rekrutierte üblicherweise ihren Nachwuchs von weit auswärts. Mit rund vierzehn Jahren kam er in das fremde Land. Dort lebte er die ersten Jahre in einer Burg an einem Grenzfluss. In der folgenden Zeit entstand am anderen Flussufer eine zweite Burg, die der Herrscher der benachbarten größeren Macht dort errichten ließ.

Bald begann sein politischer Aufstieg. Mit Ende dreißig hatte er das zweithöchste Amt inne und konnte bald einen Erfolg aufweisen: Er besiegte in einer Schlacht die Truppen einer Stadt und beendete damit einen zehnjährigen Krieg. Die Städter mussten anerkennen, dass seine Institution wenigstens die geteilte Herrschaft über die Stadt ausübte.

Dieser Erfolg steigerte sein Ansehen so sehr, dass er einige Jahre später – nach dem Tod des bisherigen Amtsinhabers – zum mächtigsten Mann im Lande gewählt wurde. Die nächsten Auseinandersetzungen ließen jedoch nicht auf sich warten, diesmal mit der erwähnten auswärtigen Macht. Kaum war er im Amt, schloss deren Herrscher eine Handelsniederlassung, die von seinen Landsleuten gegründet worden war, nahm 49 Kaufleute gefangen und beschlagnahmte ihre Waren. Es gelang ihm, die meisten Gefangenen innerhalb von drei Jahren freizubekommen, nur drei mussten noch zehn Jahre auf ihre Freilassung warten, während ein weiterer in der Gefangenschaft starb.

Durch seine rege diplomatische Tätigkeit – er hatte in den drei Jahren sieben Delegationen ausgesandt – war die Freilassung möglich geworden. Aber die Beziehungen zum Nachbarn verschlechterten sich, und es bahnte sich ein Krieg an. Er suchte und fand einen Verbündeten und eröffnete die Auseinandersetzung mit einem präventiven Angriff. Obwohl ihn der Verbündete mehrmals im Stich ließ, konnte er dem viel größeren und stärkeren Gegner standhalten. Es wurde ein Waffenstillstand für sechs Jahre abgeschlossen, der danach noch mehrmals verlängert wurde. Der Friede währte über ein halbes Jahrhundert.

Hatte die äußere Bedrohung noch die unterschiedlichen Gruppen im Lande zusammengeschweißt, so hatte er es in der Friedenszeit mit inneren Gegensätzen und Auseinandersetzungen zu tun. Das galt insbesondere, als eine Bewegung im Lande immer mehr Anhänger gewann. Er war um einen Ausgleich bemüht und wollte weder die Ausbreitung der neuen Lehre unterdrücken noch sich ihr voll anschließen. Letzteres unterschied ihn von einem weitaus jüngeren Kollegen in einem Nachbarland, der sich an die Spitze der Bewegung stellte und eine Revolution von oben durchführte. Er selbst aber, inzwischen in den Siebzigern, erteilte einem Vertreter dieses Kollegen, der formal sein Vorgesetzter war, eine Absage:

„Sollte aber ein Fürst … regieren, so will er alles unter sich haben; man würde wenig Volk halten, und wenn dann das Land von den umliegenden Russen, Litauern oder Samaiten plötzlich überfallen würde, so könnte man keine Hülfe an Leuten erhalten, außer aus Deutschland: aber ehe die kämen, wäre das Land verloren. Wir jedoch wollen dawider sein, solange wir leben, und ehe dieses Land zu einem Fürstentum gemacht wird, wollten wir lieber alle die Hälse verlieren!"

Seine Macht nahm noch zu, nachdem er diese nicht mehr in Teilen des Territoriums mit anderen teilen musste und quasi Alleinherrscher wurde. Nach der ungewöhnlich langen Amtszeit von vierzig Jahren starb er, rund fünfundachtzig Jahre alt. Nach seinem Tod führten die sich weiter durchsetzende Lehre und ein neuer, langer Krieg dazu, dass sein Land in der alten Form aufhörte zu existieren. Er aber wurde weiterhin gerühmt als erfolgreicher Feldherr wie auch als Friedenspolitiker. Wer?

30. „Ich möchte lernen, Sie zu lieben"

Nach Hitlers Machtergreifung kamen beide überein, sich scheiden zu lassen. Die Ehe des Berliners und der gebürtigen Baltin stand ohnehin nur noch auf dem Papier. Jetzt ging es darum, die Frau vor den Nazis zu schützen, indem sie seinen Namen ablegen und wieder ihren Mädchennamen annehmen konnte. Denn er, der zu dieser Zeit in der Schweiz bei einer anderen Frau lebte, war unter den Nazis verfemt und seine Bücher wurden verbrannt. Zwei Tage nach der Scheidung wurde er ausgebürgert.

Kennengelernt hatten sich beide im Ersten Weltkrieg. Er war an der Ostfront stationiert. In Alt-Autz in Kurland entstand eine Fliegerschule für 4000 Mann, und er wurde dort Schreiber beim Stab. Er gründete und redigierte die Soldatenzeitung „Der Flieger", in der er seine Kameraden mit Anekdoten, Rätseln sowie Gedichten und Geschichten von Dichter-Klassikern unterhielt. Daneben musste er Artikel des Kriegspresseamtes abdrucken – eher gegen seinen Willen, denn er hatte 1914 nicht in den anschwellenden Chor der Hurra-Patrioten eingestimmt und veröffentlichte die „Lügen und Verdrehungen des offiziellen Nachrichtendienstes" nur, damit sein Blatt nicht bald wieder verboten wurde.

Die Realität des Krieges wurde ihm auch auf andere Weise vor Augen geführt. Er musste mit den Gerichtsakten bei der Erschießung von Russen assistieren, die wegen Spionage verurteilt wurden. „Es war eigentlich nur jämmerlich. Die Menschheit hackt sich durch Fleisch und Blut einen Weg der ‚Idee' durch lebendige Menschen – in den Fibeln liest sich das nachher recht hübsch, man darf nur nicht dabei sein."

Im Oktober 1917 kamen rund zweihundert junge Frauen aus Riga in Alt-Autz an, um in Büros, Küchen, Flugzeughallen und Kasinos zu arbeiten. Die 19-jährige Mary wurde in der Kassenverwaltung des Stabs eingesetzt – und war damit im selben Gebäude tätig wie er. Auf einem Zettel erhielt sie von ihm folgende Botschaft: „Man ist begierig, die Stimme noch einmal länger und ausführlicher zu hören und bittet um Benachrichtigung, ob man Sie heute Abend um 7 Uhr zu ein klein wenig Sekt erwarten darf… Mit einem schönen Gruß in ein Paar lustiger Augen."

Dieser Annäherungsversuch war anscheinend erfolglos, denn vom nächsten Tag datiert folgender Brief:

„Mein sehr verehrtes gnädiges Fräulein, ich glaube nicht, dass es eine Gelegenheit für einen strafenden Blick war. – Ich weiß sehr wohl, dass es nicht angeht, einer Dame zu winken, so wie der Großsultan seiner Favoritin das seidene Taschentuch zuwirft… Und ich will hiermit feierlich und ein wenig reumütig (mit dem bewussten Spitzbubengesicht) die ganze Einladung zurücknehmen… Und so bitte ich Sie denn, mir heute Abend zu erlauben, Sie zu fragen, ob Sie dem festen, aber bösen Vorsatz, heute Abend ganz und gar solide zu sein, nicht für zwanzig Minuten untreu sein wollen. Wir wollen die lange Friedenspfeife rauchen und ich glaube, ein kleiner Gang auf dem östlichen Kriegsschauplatz wird manches wieder gut machen, was in einer unbedachten, aber fröhlichen Minute geschrieben wurde. – Mit einer formvollendeten Verbeugung, die auch vor den Augen der strengsten Großtante bestehen würde – der bekannte Unbekannte."

Diesmal nahm sie die Einladung an. Nach dem gemeinsamen Spaziergang setzte er sich noch am selben Abend an die Schreibmaschine: „…nein, ‚ich liebe Sie' – das sind nicht die richtigen Worte. Aber: Ich möchte gerne lernen, Sie zu lieben…" Sie trafen sich, so oft es ging, und kaum war er wieder allein, schrieb er ihr Briefe und Gedichte.

Sie war einerseits von ihm fasziniert, andererseits fühlte sie sich dem acht Jahre Älteren, der vor der Einberufung den juristischen Doktortitel erlangt hatte, unterlegen und war durch seine Nähe gehemmt. Als er ihr die Heirat in Aussicht stellte, sobald er ein gesichertes Leben bieten könne, wehrte sie ab: Er sei doch der geborene Junggeselle.

Im Frühjahr 1918 stand seine Abkommandierung nach Rumänien an. Da sie auf diese Nachricht eher kühl reagierte, stimmte er der Versetzung zu. Dadurch sahen sich beide für zwanzig Monate nicht. Zahlreiche Briefe wurden gewechselt, auch als beide nach dem Kriegsende jeweils in die Heimat zurückkehrten. Nachdem die Bolschewiki im Mai 1919 aus Riga vertrieben worden waren, schrieb sie ihm von deren Gewaltherrschaft, der Hungersnot, der Angst vor Verhaftung. Er wollte aber nicht, dass sie zu ihm nach Berlin käme, denn er könne sie „nicht aus einer Unordnung in eine andre holen". Anfang 1920 kam sie schließlich doch.

Das Wiedersehen war ein Fiasko. „Dieser fremde Mann ist es, den Du zwei Jahre so geliebt hast?" – das war der erste Gedanke, den sie bei der ersten Begegnung nach der Trennung hatte. Auch für ihn war „irgend etwas wie tot – wie erstorben." Es kam zur Trennung – was sie kaum verwinden konnte. Er war nur wenige Monate später verheiratet – mit seiner Freundin aus Vorkriegszeiten.

Die Ehe verlief jedoch nicht glücklich, und so nahm er wieder Kontakt mit Mary auf. Vier Jahre später wurde sie seine zweite Frau. Und obwohl sich beide auseinanderlebten und schon nach wenigen Ehejahren kaum noch sahen, lebte sie für ihn bis an ihr Ende – über die Trennung hinaus, über die Scheidung vom Jahre 1933 hinaus, auch über seinen frühen Tod hinaus. Denn er setzte sie, obwohl er noch mit weiteren Frauen Beziehungen hatte, als Alleinerbin ein, und sie betreute jahrzehntelang den Nachlass des Schriftstellers und Journalisten.

Wie ist sein Name?

31. Das Hauptwerk des „liebsten Papas"

Von dichtenden Frauen scheint er nicht viel gehalten zu haben. Jedenfalls nicht bis etwa zum 64. Lebensjahr. Denn zu jener Zeit erhielt er von einer jungen Frau einen Band selbstverfasster Gedichte zugeschickt mit der Bitte, seine Ansicht dazu zu äußern. Obwohl der Band anonym über einen Mittelsmann zugestellt wurde, fand er die Identität der Autorin heraus. Sie war die Tochter eines Mannes, dem er neidete, dass er, obwohl seiner Ansicht nach weniger gelehrt, erfolgreicher mit seinen Werken war als er selbst. Denn während ihm sein künstlerisches Schaffen nichts einbrachte und er nur durch seinen Brotberuf ein karges Auskommen in der Provinz hatte, konnte der andere vom Schreiben durchaus leben. In seiner Missgunst bezeichnete er diesen als Opportunisten, der nur auf das Geld aus sei.

Umgekehrt stand er selbst bei dem anderen Autor in hohem Ansehen, was sich wohl auch auf dessen Tochter übertrug. Daher sandte sie ihm ihre Gedichte zu. Aber anstatt sich über das junge Talent zu freuen, reagierte er durch die Veröffentlichung eines Spottgedichtes, in dem ein Vater seinem Sohn rät, sich von Mädchen, die sich mit Papier und Feder beschäftigen, eher fernzuhalten.

Die junge Poetin wollte das nicht auf sich sitzen lassen und schrieb ihm einen langen Brief: „Verehrter Herr, haben Sie jemals den Schmerz erlebt, von jemandem beurteilt zu werden, der nicht die Absicht oder das Wesentliche Ihrer Handlungen versteht? Das ist eine bittere Erfahrung, umso mehr, je höher die Achtung ist, die Sie in Ihrem Herzen für den Kritiker entwickelt haben…" Der Brief beeindruckte ihn, und er antwortete innerhalb von vier Tagen.

Es entspann sich ein mehrjähriger Briefwechsel zwischen der jungen Frau und dem vierzig Jahre Älteren, den sie bald nur noch als „liebsten Papa" anredete. Er versicherte sie immer wieder seiner Sympathie: „Sie sind die Einzige, die mich wirklich kennt und die völlig verstanden hat, welche Gefühle ich darzulegen versucht habe... Ich hoffe, wir werden ein Band der Freundschaft knüpfen können, das hält, solange wir leben... Wenn Wünsche etwas bewirken könnten, dann wäre mein Wunsch für Sie, dass Sie all die Erfüllung und Bereicherung finden, die jemals einem Sterblichen zuteil werden kann. Wenn ich zu Asche werden sollte, dann werden Sie aus dieser wie ein Phönix aufsteigen und alles vollbringen, was ich unvollendet gelassen habe."

Schließlich lud der 64-Jährige sie ein, über die Sommerferien bei ihm zu wohnen. Nach einigem Zögern sagte sie zu. Sie hätte vielleicht lieber zu Hause bleiben sollen. Der Besuch weckte die Eifersucht seiner Frau, es kam zum Eklat und zur vorzeitigen Abreise des Gastes.

Nachdem sich beide von dem Vorfall erholt hatten, wurde der Briefwechsel wieder aufgenommen. Allerdings konnte sie ihm nur noch postlagernd schreiben, da die Ehefrau jeden Kontakt unterbinden wollte. „Das letzte zurückgelegte Jahr", schrieb er ihr, „hat mich um wenigstens zehn Jahre älter gemacht, mithin auch etwas klüger, wenn die Weisheit – wie man sagt – eine Frucht des Alters ist. Sie haben... nicht den geringsten Grund, sich irgendwie anzuklagen... Nehmen Sie dieses Bekenntnis zu Ihrer Beruhigung und vergessen Sie nie, dass es nur Eingebung des Blödsinns sein konnte, wenn in dem Verhältnis eines Kindes und eines Greises etwas gesucht wurde, das nur zwischen dem Jüngling und der Jungfrau naturgemäß hätte stattfinden können. Mit dieser Erklärung lassen wir den Vorhang über die Tragödie der Vergangenheit fallen."

Der Briefkontakt wurde mit der Zeit weniger, bis er mit ihrer Eheschließung fünf Jahre nach dem Besuch schließlich versiegte. Bis dahin hatten sie sich fünf Jahre lang über Zeitgeschehen, Politik und Religion ausgetauscht, aber vor allem über Literatur. Natürlich ging es auch immer wieder um sein Werk, mit dem er sich einen Namen gemacht hatte.

Bei diesem Werk sollte es ursprünglich nur darum gehen, Vorhandenes und Verschüttetes dem Vergessen zu entreißen und zu rekonstruieren. Schließlich aber hat er etwas durchaus Neues und Eigenes geschaffen. Aber die Entstehung des Werkes war von einigen Widrigkeiten begleitet. Es gab Kritiker, die in dem von ihm bearbeiteten Stoff nur „leeres Geschwätz und Teufelszeug" sahen. Erhebliche Schwierigkeiten machte die Zensur, weshalb das Werk zunächst getarnt als eine wissenschaftliche Edition erschien, die die breiteren Volksschichten nicht erreichte.

So brachte ihm das Werk jahrelang keinen finanziellen Gewinn ein. Dabei wird es nicht nur von der Nachwelt als bedeutend eingeschätzt, sondern auch er selbst scheint sich dessen Wert durchaus bewusst gewesen zu sein: „Da dieses das Hauptwerk meines Lebens ist, das man nach 1000 Jahren, wie heutigen Tages den Homer, auch bei solchen Leuten überall in den Bibliotheken vorfinden wird, die kein Jota von der Sprache verstehen, so muss ich bei Lebzeiten solche Anordnung treffen, dass mein künftiges Geschlecht die Leistung seines großen Vorfahren überall ungeschmälert genieße."

Das klingt überheblich, und es ist wohl eher ironisch zu verstehen angesichts der Bescheidenheit, die er sonst an den Tag legte. So verzichtete er darauf, sich als Verfasser auf dem Titel nennen zu lassen. Auch in seinen Forderungen war er viel zu anspruchslos, sodass einmal ein Verleger von sich aus dreimal mehr zahlte, als der Autor beansprucht hatte. Gut, dass er noch einen anderen Beruf hatte: Obwohl aus einfachsten Verhältnissen kommend, konnte er ein Medizinstudium absolvieren und praktizierte 44 Jahre lang als Arzt in einer Kleinstadt.

Wer war der schreibende Mediziner?

32. Ehrgeiziger Abenteurer

Sein Vater war für vieles berühmt, jedoch nicht für seine Treue. So kam es, dass er nur wenige Tage nach seinem Halbbruder zur Welt kam. Während dieser aber als ehelicher Sohn und Erbe eine gesicherte Zukunft hatte, musste er selbst sich eine Stellung erst erkämpfen. Und er brannte vor Ehrgeiz, eine Position zu erlangen, die der seines Vaters zumindest formal gleichrangig war.

Als er knapp dreißig war, bot sich ihm eine solche Chance im Baltikum. Dort war schon vor Längerem ein Würdenträger ohne Nachkommen gestorben, und seitdem war sein Platz noch nicht wieder besetzt worden. Ihm bot sich die Möglichkeit, durch Heirat von dessen Witwe seine Position einzunehmen. So traf er eines Tages im Mai mit großem Gefolge ein. Der Vater hatte noch versucht, diese Reise zu verhindern, denn er fürchtete, es könne zu einem Konflikt mit dem polnischen Adel kommen. Aber der Sohn hatte sich nicht darum gekümmert.

Zur Amtsübernahme war noch eine Wahl erforderlich. Dafür brauchte er allerdings viel Geld. Vom Vater war natürlich nichts zu erwarten. Aber seine Mutter verpfändete ihren Schmuck und schickte ihm 7000 Taler. Auch von anderen Frauen kamen üppige Geldspenden. Eine französische Geliebte, die als Schauspielerin berühmt war, brachte 40.000 Livres zusammen, indem sie Juwelen und Tafelsilber verkaufte und von Freunden Geld lieh. Auch die sechzehnjährige Tochter der Zarin, eine Cousine der Heiratskandidatin, schickte ihm Geld und ließ ihn wissen, dass sie sich ihn – ohne ihm jemals begegnet zu sein – auch als Gatten vorstellen könne. Er hielt sich allerdings weiterhin an die 33-jährige Witwe.

Das Geld reichte aus, um es großzügig an die Wahlberechtigten zu verteilen und somit seine Wahl zu sichern. Sein Traum schien in Erfüllung zu gehen. Aber die Probleme fingen jetzt erst an. Nicht nur in Polen gab es Vorbehalte gegen ihn, sondern auch in Russland. Dort hatte ein aus einfachen Verhältnissen stammender Mann Karriere als General und Minister gemacht und den Fürstentitel erhalten. Dieser mächtige Mann rückte mit 300 Dragonern ein und forderte den Gewählten ultimativ auf, das Land zu verlassen, weil er sich selbst an seine Stelle setzen wollte. Der Russe trat, so der gewählte Amtsinhaber, auf „wie der Weltenrichter persönlich" und „war sehr überrascht, erbärmliche Kreaturen wie die Kurländer so unvernünftig und so wenig auf ihren Vorteil bedacht zu sehen, dass sie die Ehre, von ihm regiert zu werden, und die Gelegenheit, so die Schande ihrer falschen Wahl zu tilgen, zurückweisen..."

Der so Bedrängte ließ sich nicht einschüchtern und verbarrikadierte sich mit seinen Leuten im Schloss. Der Angreifer zog sich zurück, zumal die Zarin sein eigenmächtiges Vorgehen nicht gebilligt hatte. Die Gefahr schien gebannt. Jedoch forderte der Vater seinen Sohn, obwohl von dessen Standhaftigkeit beeindruckt, weiterhin auf, das Baltikum zu verlassen. Schließlich verlor er auch die Unterstützung seiner Verlobten, nachdem er sie mit ihrem Kammerfräulein betrogen hatte.

Das Ende kam, als die Zarin starb. Ihr Nachfolger war ein zwölfjähriger Junge, was dazu führte, dass der besagte Fürst der mächtigste Mann Russlands wurde. Ein Heer von 8000 Russen überschritt nun die Grenze. Der Angegriffene hatte zuvor noch vergeblich versucht, eine eigene Armee aufzustellen. Keine Macht kam ihm zu Hilfe. Mit seinen Getreuen zog er sich auf eine Insel in einem See zurück. Aber auch dort rückten die Russen heran, und ihm blieb nichts übrig, als das Land zu verlassen.

So blieb sein Engagement im Baltikum nur eine Episode. In Westeuropa setzte er seine bereits zuvor begonnene Karriere fort und wurde damit überaus erfolgreich. Zwar war es ihm nicht mehr vergönnt, eine Krone zu tragen, wie er es immer gehofft hatte. Aber immerhin konnte er seine letzten Jahre in einem Schloss verbringen, das zu den berühmtesten Europas gehört.

Wer flüchtete auf eine Insel, die heute nach ihm benannt ist?

33. Schreiben unter dem Joch

Um weiter an seinem Werk arbeiten zu können, brach er nach Estland auf. Zu Hause war ihm die Lage zu unsicher geworden. Möglichst niemand außer einigen Vertrauten sollte von seiner Abreise Notiz nehmen. Da seine Wohnung überwacht wurde, begab er sich von der Redaktion, in der er tätig war, direkt zu Bekannten und rasierte seinen Bart ab, bevor er mit dem Taxi zum Bahnhof fuhr. Im Zug sprach er nur so viel wie nötig. In Estland angekommen, mied er die dort verhasste russische Sprache. Ein Russe, der sich wenigstens bemühte estnisch zu sprechen, wurde herzlich aufgenommen.

Einige Zeit zuvor hatte ihn die Nachricht erreicht, dass die Geheimpolizei eines seiner Romanmanuskripte und Archivmaterialien aus seinem Besitz in der Wohnung eines befreundeten Ehepaars beschlagnahmt hätten – ein Schock für ihn, der erst drei Jahre zuvor durch Aufnahme in den Schriftstellerverband als Literat offiziell anerkannt worden war. Nun fürchtete er seine Verhaftung. Seine Frau übergab einem Vertrauten die Entwürfe eines neuen Romanprojekts, sodass dieser sie in Estland in Sicherheit bringen konnte. Wenn diese Unterlagen verloren gegangen wären, hätte er diesen Roman niemals geschrieben: „Ein Verlust von derartigem Umfang wäre zu verheerend, zu schmerzhaft gewesen."

Zufluchtsort in Estland war Haava, ein Hof in der Nähe von Dorpat. Es gab vier geräumige Zimmer mit altmodischen Öfen. In der Nähe waren ein Fluss und ein Kiefernwald. Jetzt war alles verschneit und der Fluss zugefroren. In dieser Einöde arbeitete er zwei Monate wie besessen. Es ging ihm um die Erfüllung einer Mission.

Wie war er zu diesem abgelegenen Versteck gekommen? Bereits im vorletzten Sommer hatte er hier seinen Urlaub verbracht und dabei das Konzept für den Roman erstellt, an dem er jetzt arbeitete. Die Möglichkeit zur Nutzung des Hauses war durch einen Esten vermittelt worden, den Rechtsanwalt Arnold Susi, den er zwanzig Jahre zuvor im Moskauer Untersuchungsgefängnis Lubjanka kennengelernt hatte.

Susi war 1944, zwischen dem Rückzug der Wehrmacht und der erneuten Besetzung Estlands durch die Rote Armee, für wenige Tage Minister in einem estnischen Kabinett gewesen, bevor er durch die Russen abgesetzt und verhaftet wurde. Während der Haft konnten beide zusammen auf dem Dach des Gefängnisses spazieren gehen und sich unauffällig unterhalten. Arnold Susi öffnete ihm damals die Augen für die Vorzüge der liberalen Demokratie, wie sie sein kleines Land nach dem Ersten Weltkrieg gehabt hat. Seitdem verband beide eine lebenslange Freundschaft.

Jetzt, zwanzig Jahre später, verbrachte er nach dem ersten Winter in Haava noch einen zweiten auf dem Hof in Estland. Er arbeitete wie im Fieber. Er ging um sieben Uhr ins Bett und wachte bereits um ein Uhr in der Nacht auf, um sich an die Arbeit zu machen. Um neun Uhr machte er Pause. Abends um sechs war Feierabend, und er machte sich etwas zu essen. Das Holz für den Ofen hackte er selbst, auch wenn er krank war. Die Lebensmittel wurden von Susis Tochter gebracht. Sie brachte auch seine fertigen Manuskripte in Sicherheit. Ihr vierzehnjähriger Sohn stellte daraus Mikrofilme her. So entstand ein Roman von 1500 Seiten.

Aber wie sollte das Werk mit seinem brisanten Inhalt unter diesen Umständen den Weg in die Öffentlichkeit finden? Er ging in die Offensive und prangerte in einem offenen Brief die Zensur in seinem Lande an:

„Eine in der Verfassung nicht verankerte und daher illegale, nirgendwo öffentlich als solche gekennzeichnete Zensur ... legt unserer Literatur ein Joch auf... Als ein Überbleibsel des Mittelalters hat diese Zensur es erreicht, ihre Methusalem-ähnliche Existenz fast bis in das 21. Jahrhundert auszudehnen... Der ganzen Welt erscheint jetzt das literarische Leben unseres Landes unermesslich viel farbloser, trivialer und minderwertiger, als es ... sich erweisen würde, wenn es nicht eingeengt und nicht eingeschlossen wäre."

Mit diesem Brief bewirkte er allerdings, dass der Druck auf ihn noch zunahm und die Zensur noch mehr zuschlug. Bücher, die er bereits veröffentlicht hatte, verschwanden aus den Bibliotheken, und in der Literaturkritik wurde er totgeschwiegen. Er war allerdings schon so bekannt, dass man seine Verhaftung nicht wagte. Mit 55 Jahren musste er sein Land verlassen und konnte erst zwanzig Jahre später zurückkehren. Kurz vor der Ausweisung war der Roman, der in Estland entstanden war, im Ausland veröffentlicht worden. Die französische Zeitung Le Monde zählte ihn zu den „100 Büchern des Jahrhunderts".

Wer war der Autor?

Lösungen

1. Es war Johann Gottfried Herder, Philosoph, Theologe und Dichter (*1744 in Mohrungen, Ostpreußen, †1803 in Weimar). Nach seinem Studium in Königsberg wurde er 1764 Lehrer an der Rigaer Domschule. Ab 1767 wirkte er auch als Hilfspfarrer an der Gertruden- und der Jesuskirche. Über die von ihm verfassten „Fragmente über die neuere deutsche Dichtung" und die „Kritischen Wälder" gab es eine Auseinandersetzung mit dem Philologen Christian Adolph Klotz. Herder verließ 1769 Riga und brachte in Frankreich das „Journal meiner Reise im Jahr 1769" zu Papier, aus dem zitiert wurde. – 1776 wurde Herder durch Goethes Vermittlung Superintendent in Weimar.
   📖 Herder, Johann Gottfried: Journal meiner Reise im Jahr 1769, hg. von Katharina Mommsen, Stuttgart 2002. – Zaremba, Michael: Johann Gottfried Herder. Prediger der Humanität, Köln 2002

2. Es war Nina Schenk Gräfin von Stauffenberg, geb. Freiin von Lerchenfeld (*1913 in Kowno/Kaunas, Litauen, †2006 in Kirchlauter bei Bamberg). 1933 heiratete sie den Offizier Claus Schenk Graf von Stauffenberg (1907-1944). Sie wusste von den Staatsstreichplänen ihres Mannes und seiner Mitverschwörer, aber nicht, dass er das Attentat selbst ausführen würde. Nach dessen Scheitern am 20. Juli 1944 wurde sie von der Gestapo in Sippenhaft genommen und musste fünf Monate im KZ Ravensbrück verbringen. Ihre jüngste Tochter, die Anfang 1945 in der Haft geboren wurde, veröffentlichte 2008 eine Biografie ihrer Mutter.
   📖 Schultheiss, Konstanze von: Nina Schenk Gräfin von Stauffenberg. Ein Porträt, Zürich und München 2008

3. Es war Krišjanis Barons, lettischer Volkskundler (*1835 in Strutteln/Strutele, †1923 in Riga). Von seiner Studienzeit an war er führender Vertreter der Bewegung der „Jungen

Letten". Unter diesen war auch Fricis Brīvzemnieks (1846-1907), der als Erster zum Sammeln der „Dainas", der meist vierzeiligen lettischen Volkslieder, aufgerufen hatte. Barons führte diese Aufgabe weiter und brachte 1894-1915 insgesamt 217.966 Dainas heraus. Hierfür ließ er einen speziellen Schrank mit 700 Fächern anfertigen, der heute in der Rigaer Akademie der Wissenschaften aufbewahrt wird.

📖 Butenschön, Marianna: Über die Urdichtung der „Undeutschen", in: dies., Estland, Lettland, Litauen. Das Baltikum auf dem langen Weg in die Freiheit, München 1992, 107-116. – Trapāns, Jānis Arvēds: Krišjanis Barons. His Life and Times, in: Vīķis-Freibergs, Vaira (Hg.): Linguistics and Poetics of Latvian Folk Songs. Essays in Honour of the Sesquicentennial of the Birth of Kr. Barons, Kingston, Montreal 1989, 14-32

4. Es war der baltische Naturforscher und Landespolitiker Alexander Graf Keyserling (*1815 auf Gut Kabillen/Kabile, Kurland, †1891 auf Gut Rayküll/Raikküla, Estland). Ab 1883 studierte er in Berlin und lernte dort Otto von Bismarck kennen, mit dem ihn eine lebenslange Freundschaft verband. 1884 heiratete er die Tochter des russischen Finanzministers Cancrin und wurde dadurch Besitzer des Rittergutes Rayküll. 1857-63 stand er an der Spitze der estländischen Ritterschaft, 1862-69 war er Kurator der Universität Dorpat, die damals eine Glanzzeit erlebte. 1869 entließ er den Historiker Carl Schirren. – Keyserling gilt als der Begründer der Geologie in Russland.

📖 Schwidtal, Michael / Undusk, Jaan (Hg.): Baltisches Welterlebnis. Die kulturgeschichtliche Bedeutung von Alexander, Eduard und Hermann Graf Keyserling, Heidelberg 2007. – Taube, Helene von: Graf Alexander Keyserling. Ein Lebensbild aus seinen Briefen und Tagebüchern, zusammengestellt von seiner Tochter Freifrau Helene von Taube von der Issen, 2 Bde., Berlin 1902

5. Es war Robert Gernhardt, satirischer Dichter und Zeichner (*1937 in Reval, †2006 in Frankfurt am Main). Er war Mitarbeiter der Satirezeitschriften „Pardon" und „Titanic"

und schrieb u. a. „Besternte Ernte" (1976), „Wörtersee" (1981), „Lug und Trug" (1991). Der genannte Dichterkollege war Heinz Erhardt.

📖 Gernhardt, Robert: Die Lügen meiner Mutter, in: Das gelobte Land, Kursbuch Bd. 141, hg. von K. M Michel, I. Karsunke, T. Spengler, Berlin 2000, 21-25. – Steinfeld, Thomas: Ist denn das zu fassen, diese Liedermassen. Ein guter Schlager geht zum einen Ohr hinein, um aus dem anderen nicht mehr herauszugehen: Ein Gespräch mit Robert Gernhardt, in: Süddeutsche Zeitung Nr. 118, 24. Mai 2002, 15

6. Es war Zarin Katharina I. (*1683 oder 1684, †1727 in Sankt Petersburg), ursprünglich Martha Skawronskaja. Sie wuchs in Marienburg/Alūksne in Schwedisch-Livland beim deutschen Pastor Johann Ernst Glück (1654-1705) auf, der die Bibel ins Lettische übersetzt hatte. 1702, im Nordischen Krieg, wurde Marienburg von den Russen eingenommen; die Burg ist seitdem Ruine. Martha geriet in russische Gefangenschaft und diente im Haushalt von Alexander Menschikow, dem Jugendfreund von Zar Peter dem Großen. Nachdem sie zum orthodoxen Glauben übergetreten und auf den Namen Jekaterina getauft worden war, heiratete der Zar sie 1707 insgeheim und 1712 offiziell. Für sie ließ er 1718-1725 das Schloss Katharinental/Kadriorg in Reval errichten. Nach Peters Tod 1725 wurde sie – als erste Frau auf dem russischen Thron – seine Nachfolgerin.

📖 Glück, Helmut/Polanska, Ineta: Johann Ernst Glück (1654–1705). Pastor, Philologe, Volksaufklärer im Baltikum und in Russland, Fremdsprachen in Geschichte und Gegenwart, hg. von H. Glück und K. Schröder, Bd. 1, Wiesbaden 2005. – Massie, Robert K.: Peter der Große. Sein Leben und seine Zeit, Frankfurt am Main 1984

7. Es war Johannes Hesse (*1847 in Weißenstein/Paide, Estland, †1916 in Korntal, Württemberg), der Vater des Dichters Hermann Hesse (1877-1962). Er war Sohn des Weißensteiner Arztes Carl Hermann Hesse, über den seine Cousine Monika Hunnius das Buch „Mein Onkel Hermann" geschrieben hatte. 1869-73 war Johannes Hesse im

Dienst der pietistischen Basler Mission in Indien. Nach seiner Rückkehr siedelte er ins württembergische Calw über, um für den Leiter des Calwer Verlagsvereins, Hermann Gundert, tätig zu sein. 1874 heiratete er dessen Tochter Marie. Es kamen die Kinder Adele (1875), Hermann, Marulla (1880) und Hans (1882) zur Welt. Nach dem Tode seines Schwiegervaters (1893) wurde er Leiter des Verlagsvereins. – Die Eltern hatten auch für Hermann eine theologische Laufbahn vorgesehen, dieser wollte aber schon mit dreizehn Jahren „entweder ein Dichter oder gar nichts werden".

📖 Hesse, Marie: Ein Lebensbild in Briefen und Tagebüchern. Von Adele Gundert, Frankfurt am Main 1977. – Hilbert, Matthias: Hermann Hesse und sein Elternhaus – zwischen Rebellion und Liebe. Eine biographische Spurensuche, Stuttgart 2005

8. Es war der estnische Staatsmann Konstantin Päts (*1874 in Tackerort/Tahkuranna, Kreis Pernau, †1956 bei Kalinin, heute Twer/Russland). Nach seiner Beteiligung an der Revolution von 1905 verbrachte er die Jahre bis 1909 in der Schweiz und in Finnland. Nach der Proklamation der Republik Estland am 24. Februar 1918 war Päts erster Regierungschef, wurde jedoch von der deutschen Besatzungsmacht im Juni inhaftiert. In den Jahren bis 1934 war er mehrmals Staatsältester der Republik. Nach einem unblutigen Staatsstreich 1934 regierte er als Reichsprotektor, 1938 ließ er sich zum Präsidenten wählen. Bei der sowjetischen Okkupation 1940 wurde er abgesetzt und deportiert. Im Dezember 1954 wurde er für elf Tage in die psychiatrische Klinik von Jämejala bei Viljandi gebracht. Sein Leichnam wurde 1990 nach Estland überführt.

📖 Angelus, Oskar: Konstantin Päts – der verschleppte Präsident Estlands, in: Osteuropa, Ztschr. f. Gegenwartsfragen des Ostens, 10. Jg./1960, hg. von der dt. Ges. f. Osteuropakunde, 28-30. – Nielsen-Stokkeby, Bernd: Baltische Erinnerungen. Estland, Lettland, Litauen zwischen Unterdrückung und Freiheit, Bergisch Gladbach 1990. – Taube, Arved Frhr. v.: Konstantin Päts und die Deutschbalten, in: Jb. des balt. Deutschtums1975, hg. v. der Carl-Schirren-Ges. e. V., Lüneburg 1974, 22-29.

9. Es war Max Reinhardt, österreichischer Theaterleiter und Regisseur (*1873 in Baden bei Wien, †1943 in New York). 1917 lernte er die Schauspielerin Helene Thimig (1889-1974) kennen, die er erst 1935 heiraten konnte. 1931/32 hielt er sich in Riga auf, um sich von seiner ersten Frau scheiden zu lassen. Dort inszenierte er u. a. Goldonis „Diener zweier Herren" am Deutschen Theater. Bereits 1911 und 1912 war er mit Gastspielen in Riga gewesen.
   Pangels, Charlotte: Eugen d'Albert. Wunderpianist und Komponist, Zürich 1981. – Reinhardt-Thimig, Helene: Wie Max Reinhardt lebte, Percha am Starnberger See 1973. – Saß, Walter von: Reinhardts Erfolg im Deutschen Schauspiel. Goldonis „Diener zweier Herren", in: Rigasche Rundschau vom 8.3.1932

10. Es war die Malerin und Teppichweberin Ida Kerkovius (*1879 in Riga, †1970 in Stuttgart). 1903 verbrachte sie fünf Monate als Schülerin Adolf Hoelzels in der Künstlerkolonie Dachau. 1908 folgte sie ihm nach Stuttgart. 1920 bis 1923 war sie Schülerin von Kandinsky und Klee am Bauhaus. Kerkovius zählt zu den größten deutschen Malerinnen des 20. Jahrhunderts.
   Leonhard, Kurt: Ida Kerkovius. Leben und Werk, Köln 1967

11. Es war der deutsche Schriftsteller Edzard Schaper (*1908 in Ostrowo/Ostrów Wielkopolski, Provinz Posen, †1984 in Bern). Seit 1947 lebte er in der Schweiz. Im Mittelpunkt seiner Romane (u. a. „Die sterbende Kirche", 1935, „Die Freiheit des Gefangenen", 1950) und Erzählungen stehen religiöse Probleme um Glaube und Gewissen.
   Besch, Lutz: Gespräche mit Edzard Schaper, Zürich 1968. – Otto-Sprunck, Arnulf: Nordosteuropa im Werk Edzard Schapers, in: Kroll, Frank-Lothar (hg.), Wort und Dichtung als Zufluchtsstätte in schwerer Zeit, Berlin 1996, 135-149.

12. Es war Herzog Jakob von Kurland (*1610 in Goldingen, †1682 in Mitau). Er war der Enkel des ersten Herzogs Gotthard Ketteler. 1642 übernahm er die Herrschaft im Herzogtum. 1651 erwarb er die Insel St. Andreas in der Mündung des Gambia an der Westküste Afrikas; der Stützpunkt ging 1661 an die Engländer verloren, die die Insel in James Island (nach König Jakob II.) umbenannten. Herzog Jakob erwarb außerdem die Karibikinsel Tobago als Kolonie. 1658-1660 wurde er auf der Festung Iwangorod gefangengehalten.

📖 Diederich, H.: Herzog Jacobs von Kurland Kolonien an der Westküste von Afrika. Festschrift der Kurländischen Gesellschaft für Literatur und Kunst zur Feier ihres 75-jährigen Bestehens, Mitau 1890. – Mattiesen, Heinz: Herzog Jakob von Kurland, in: Baltische Köpfe. 24 Lebensbilder aus acht Jahrhunderten deutschen Wirkens in den baltischen Landen, hg. von H. Bosse und A. Freiherr v. Taube, Bovenden bei Göttingen ²1958. – Mühlen, Heinz von zur: Das Ostbaltikum unter Herrschaft und Einfluss der Nachbarmächte (1561-1710/1795), in: Gert von Pistohlkors (Hg.), Deutsche Geschichte im Osten Europas. Baltische Länder, Berlin 1994

13. Es war die Lyrikerin und Schriftstellerin Oda Schaefer (*1900 in Berlin, †1988 in München). Im Sommer 1914 besuchte sie ihre Tante auf dem estländischen Gut Poll/Põlli. Diesen Besuch nahm ihr Großneffe Chris Kraus als Vorlage für seinen (weitgehend fiktiven) Film „Poll" (2010). – Oda Schaefer war in erster Ehe kurz mit dem Grafiker Albert Schaefer-Ast, in zweiter Ehe mit dem Schriftsteller Horst Lange (1904-1971) verheiratet. 1939 veröffentlichte sie erste Gedichte in „Die Windharfe".

📖 Bächer, Monika: Oda Schaefer (1900-1988). Leben und Werk, Bielefeld 2006. – Schaefer, Oda: Auch wenn du träumst, gehen die Uhren, München ⁴1970

14. Es war Isaiah Berlin, britischer Philosoph russisch-jüdischer Herkunft (*1909 in Riga, †1997 in Oxford). Er war einer der bedeutendsten Denker des Liberalismus im 20. Jahrhundert.

📖 Ignatieff, Michael: Isaiah Berlin. Ein Leben, übers. von Michael Müller, München 2000

15. Es war Fjodor Michailowitsch Dostojewski, russischer Dichter (*1821 in Moskau, †1881 in Sankt Petersburg), Autor der Romane „Schuld und Sühne", „Der Spieler", „Die Brüder Karamasow" u.a. 1838-1842 besuchte er die Ingenieurschule in St. Petersburg. Seinen Bruder Michail (1820-1864) besuchte er 1842, 1845 und 1846 in Reval. Die Jahre 1850-1854 verbrachte er in einem Straflager in Sibirien. Nachdem Michail nach Petersburg umgezogen war, gründeten beide 1860 eine Zeitschrift für Politik und Kultur. 1867-1871 hielt er sich mit seiner zweiten Frau in Deutschland, der Schweiz und Italien auf.

📖 Dostojewski, Fjodor M.: Briefe, 1. Band, hg. von Ralf Schröder, Leipzig 1984. – Hamel, Christine: Fjodor M. Dostojewskij, München 2003. – Nötzel, Karl: Das Leben Dostojewskis, Leipzig 1925

16. Es war der Erzähler Eduard Graf von Keyserling (*1855 auf Schloss Paddern bei Hasenpoth/Aizpute, †1918 in München). In seinen Werken („Schwüle Tage", „Dumala", „Abendliche Häuser") schildert er die untergehende Welt des baltischen und ostelbischen Landadels. Der zitierte Neffe war der Schriftsteller Otto von Taube (1879-1973).

📖 Schwidtal, Michael / Undusk, Jaan (Hg.): Baltisches Welterlebnis. Die kulturgeschichtliche Bedeutung von Alexander, Eduard und Hermann Graf Keyserling, Heidelberg 2007. – Taube, Otto von: Das Buch der Keyserlinge. An der Grenze zweier Welten, Berlin 1944. – Ders.: Nachwort zu E. v. K.: Schwüle Tage und andere Erzählungen, Zürich 1954, 317-335

17. Es war Raissa Orlowa-Kopelew, russische Schriftstellerin und Amerikanistin (*1918 in Moskau, †1989 in Köln). Ab 1950 war sie Dozentin für Literatur in Reval/Tallinn und Moskau. 1956 heiratete sie den Schriftsteller und Germanisten Lew Kopelew (1912-1997). Nach ihrer Ausbürgerung 1981 lebten sie in Köln, wo sie von Heinrich Böll unterstützt wurden.

📖 Orlowa-Kopelew, Raissa: Eine Vergangenheit, die nicht vergeht. Rückblicke aus fünf Jahrzehnten, übers. von E. Markstein, München 1985

18. Es war der lettische Dichter Rūdolfs Blaumanis (*1863 in Erlaa/Ērgļi, †1908 in Takaharju, Finnland). Er war als Journalist und Schriftsteller überwiegend in Riga, zeitweilig auch in St. Petersburg tätig. Immer wieder kehrte er auf das elterliche Gut Braki (östlich von Riga) zurück. In seinen Werken, darunter 50 Novellen und Erzählungen, stellte er oft das Leben auf dem Lande dar.
📖 Ziedonis, Arvids: A Study of Rūdolfs Blaumanis, Hamburger philolog. Studien Bd. 48, Hamburg 1979

19. Es war Jakob Michael Reinhold Lenz, einer der bedeutendsten Dichter des Sturm und Drang (*1751 in Seßwegen/Cesvaine, Livland, †1792 in Moskau). 1771 kam er nach Straßburg, wo er Goethe und Herder kennenlernte. Er folgte 1776 Goethe nach Weimar, wurde aber von diesem bald ausgewiesen. 1779 kehrte er ins Baltikum zurück. Seine Bewerbung bei der Rigaer Domschule scheiterte daran, dass Herder ein Empfehlungsschreiben verweigerte. – Lenz schrieb u.a. die Dramen „Der Hofmeister oder Die Vorteile der Privaterziehung" (1774) und „Die Soldaten" (1776).
📖 Damm, Sigrid: Vögel, die verkünden Land. Das Leben des Jakob Michael Reinhold Lenz, Frankfurt am Main 1989. – Hohoff, Curt: Jakob Michael Reinhold Lenz in Selbstzeugnissen und Bilddokumenten, Reinbek bei Hamburg 1977

20. Es war John F. Kennedy (*1917 in Brookline, Massachusetts, ermordet 1963 in Dallas). 1939 half er seinem Vater, der Botschafter in London war. Im Sommer reiste er u. a. durch Frankreich, Deutschland, Polen, Lettland und Russland. Das Altarbild wurde von Irena Wiley, der Frau des amerikanischen Botschafters in Lettland, geschnitzt. Es tauchte später in Memphis, Michigan, auf. – Kennedy wurde 1946 Kongressabgeordneter, 1952 Senator und

1961 Präsident der USA. Das Flüchtlingsschiff landete 1948 in Massachusetts. In der Presse wurde dieses Ereignis verglichen mit der ersten Ankunft europäischer Siedler in Neuengland mit der „Mayflower".

📖 John F. Kennedy wurde in Riga zum Engel, in: Baltische Briefe, Nr. 11/2001, 5. – Akmentis, Osvalds: Džons F. Kenedijs un latvieši – John F. Kennedy and the Latvian People, Lincoln, Neb. 1964. – Ders., Latvians in Bicentennial America, o. O. 1976

21. Es war der estnische Erzähler Jaan Kross (*1920 und †2007 in Reval/Tallinn). Bedeutsam sind seine historischen Romane: „Das Leben des Balthasar Rüssow" (4 Bände, 1970-1980), „Der Verrückte des Zaren" (1978), „Die Frauen von Wesenberg" (1982), „Professor Martens' Abreise" (1984).

📖 Freitag, Horst (Hg.): Jaan Kross 1920-2007. Baltica spezial, Heft 2-4, 2007

22. Es war Elisabeth, ab 1741 Zarin von Russland (*1709 in Moskau, †1762 in St. Petersburg). Sie war Tochter Peters des Großen und Katharinas I. Der Besuch in Reval fand im Juli 1746 statt. Dabei waren Großfürst Peter (später Zar Peter III.) und die spätere Zarin Katharina die Große, aus deren Memoiren zitiert wurde. 1756 trat Russland an der Seite Österreichs und Frankreichs in den Siebenjährigen Krieg gegen Preußen und England ein.

📖 Katharina II. in ihren Memoiren, übers. und hg. von Erich Boehme, Frankfurt am Main 1972. - Mühlen, Heinz von zur: Reval vom 16. bis 18. Jahrhundert. Gestalten und Generationen eines Ratsgeschlechts, Quellen und Studien zur balt. Geschichte Bd. 6, Köln 1985. – Daria Olivier: Elisabeth von Rußland. Die Tochter Peters des Großen, Wien 1963

23. Es war der Naturforscher Jakob Baron von Uexküll (*1864 auf Gut Keblas/Keblaste, †1944 auf Capri). Er studierte Zoologie in Dorpat und wirkte danach in Heidelberg und Neapel. Ab 1926 war er Professor in Hamburg und gründete dort das Institut für Umweltforschung. Er entwickelte die Umweltlehre als Teil der Biologie. –

Sein gleichnamiger Enkel stiftete 1980 den Alternativen Nobelpreis.

📖 Uexküll, Gudrun von: Jakob von Uexküll. Seine Welt und seine Umwelt, Hamburg 1964. – Uexküll, Jakob von: Nie geschaute Welten, München 1957

24. Es war die lettische Dichterin Aspazija, eigentlich Elza Rosenberga (*1865 in Grünhof/Zalenieki bei Mitau, †1943 in Dubbeln/Dubulti, heute zu Jūrmala). Sie schrieb Gedichte und Dramen. Seit 1897 war sie mit dem Dichter Rainis (1865-1929) verheiratet. 1906-1920 lebte das Paar im schweizerischen Exil.

📖 Meškova, Sandra: Two mothers of Latvian literature: Aspazija and Anna Brigadere, in: Journal of Baltic studies, Bd. 34 Nr. 3, 2003, 276-297. – Stahnke, Astrida B.: Aspazija: Her life and her drama. Lanham, Md. 1984

25. Es war der Dichter Joachim Ringelnatz, eigentlich Hans Bötticher (*1883 in Wurzen, Sachsen, †1934 in Berlin). 1909-11 war er Kabarettist in der Münchner Künstlerkneipe „Simplicissimus" und lernte dort den Baron Thilo von Seebach kennen, der ihn zu seiner Hochzeit nach Kurland einlud. Den Winter 1911/12 verbrachte Ringelnatz in Bilderlingshof/Bulduri (heute zu Jūrmala).

📖 Günther, Herbert: Joachim Ringelnatz in Selbstzeugnissen und Bilddokumenten, Reinbek bei Hamburg 1964. – Ringelnatz, Joachim: Mein Leben bis zum Kriege, in: ders., Das große Jubiläumsalbum, Königswinter 2008, 86-444.

26. Es war Michael Andreas Barclay de Tolly, russischer Feldherr baltischer Herkunft (*1761 in Pomautsch/Pamūšis, Litauen, †1818 bei Insterburg, Ostpreußen). Seine Vorfahren stammten aus Schottland. 1810 wurde er zum russischen Kriegsminister ernannt. 1812 war er Oberbefehlshaber gegen Napoleon, musste diese Position aber an Michail Kutusow abgeben. Nach dessen Tod wurde er erneut Oberbefehlshaber und führte die russische Armee bei der Völkerschlacht bei Leipzig (1813) und beim Ein-

marsch in Paris (1814). – Sein Mausoleum wurde in Beckhof/Jõgeveste bei Walk/Valga errichtet, wo Barclay de Tolly ein Gut besaß.

📖 Josselson, Michael u. Diana: The Commander. A Life Of Barclay de Tolly, Oxford 1980. – Krusenstjerna, Ada von: Im Kreuz hoffe und siege ich, Gießen 1949. – Puschkin, Alexander: Die Gedichte, übers. von Michael Engelhard, hg. von Rolf-Dietrich Keil, Frankfurt am Main, Leipzig 2003.

27. Es war der Chemiker Wilhelm Ostwald (*1853 in Riga, †1932 in Großbothen bei Leipzig). 1882-1887 war er Professor in Riga, danach bis 1906 in Leipzig. 1909 erhielt er den Nobelpreis für Chemie. Auf ihn gehen das „Ostwald'sche Verdünnungsgesetz" und das Ostwald-Verfahren zur Herstellung von Salpetersäure zurück.

📖 Ostwald, Wilhelm: Lebenslinien: Eine Selbstbiographie, Bd. 1: Riga – Dorpat – Riga, Berlin 1926. – Rodnyj, N. I., Solowjew, Ju. I.: Wilhelm Ostwald, Biographien hervorragender Naturwissenschaftler, Techniker und Mediziner Bd. 30, Leipzig 1977

28. Es war die Schriftstellerin Gertrud von den Brincken (*1892 auf Gut Brinck-Pedwahlen/Brink-Pedvale, Kurland, †1982 in Regensburg). Ab 1903 ging sie in Mitau zur Schule, 1915-25 lebte sie in Tuckum, wo sie im Herbst 1942 ihre Schwester besuchte. Ihre ersten Gedichte veröffentlichte sie 1911 („Wer nicht das Dunkel kennt"), später folgten Prosawerke („März", 1937; „Unsterbliche Wälder", 1941, „Nächte" 1981). Zitiert wurde aus dem autobiografischen Werk „Land unter".

📖 Brincken, Gertrud von den: Land unter, Darmstadt o. J.

29. Es war Wolter von Plettenberg (*um 1450 im Westfälischen, †1535 in Wenden), der bedeutendste Landmeister des Deutschen Ordens in Livland. Er wurde in der Ordensburg zu Narva ausgebildet. 1489 wurde er zum Landmarschall und damit zum obersten Befehlshaber der Streitkräfte des Ordens. 1491 schlug er die Truppen des Erzbischofs von Riga. Als Ordensmeister (seit 1494) hatte

er sich mit dem östlichen Nachbarn auseinanderzusetzen. Nach Feindseligkeiten mit den Russen wurde 1503 ein Friede geschlossen, der – mehrfach erneuert – bis weit nach seinem Tode (1558 Beginn des Livländischen Krieges) Bestand hatte. Die große innenpolitische Herausforderung war die Reformation. Plettenberg lehnte es ab, dem Beispiel des Hochmeisters Albrecht zu folgen, der sein Territorium säkularisierte und sich zum Herzog von Preußen machte.

📖 Angermann, Norbert: Wolter von Plettenberg und das mittelalterliche Livland, Lüneburg 2001. – Arbusow, Leonid: Wolter von Plettenberg und der Untergang des Deutschen Ordens in Preußen, Leipzig 1919.

30. Es war Kurt Tucholsky (*1890 in Berlin, †1935 in Göteborg), Romanautor, Satiriker, Lyriker, Mitarbeiter und zeitweilig Herausgeber der Zeitschrift „Die Weltbühne". 1920-24 war er mit der Ärztin Else geb. Weil, 1924-33 mit Mary geb. Gerold (*1898 in Riga, †1987 in Kreuth) verheiratet. Diese baute nach 1945 das Kurt-Tucholsky-Archiv auf und gründete mit Fritz J. Raddatz die Kurt-Tucholsky-Stiftung.

📖 Hepp, Michael: Kurt Tucholsky. Biographische Anmerkungen, Reinbek bei Hamburg 1999. – Tucholsky, Kurt: Unser ungelebtes Leben. Briefe an Mary, hg. von Fritz J. Raddatz, Reinbek bei Hamburg 1982

31. Es war der estnische Dichter Friedrich Reinhold Kreutzwald (*1803 in Jömper/Jõepere, †1883 in Dorpat). 1833-1877 war er Arzt in Werro/Võru südlich von Dorpat. 1857-1861 erschien der „Kalevipoeg", der heute als das estnische Nationalepos gilt. Kreutzwald hat dieses nicht einfach aus alten Fragmenten zusammengestellt, sondern 87 Prozent der 19.033 Verse selbst gedichtet. Außerdem veröffentlichte er estnische Märchen und Sagen. – Die junge Dichterin, mit der er korrespondierte, war Lydia Koidula.

📖 Hasselblatt, Cornelius: Kalevs Sohn im estnischen und europäischen Kontext. Zur Kulturgeschichte des Kalevipoeg, in: Kalevipoeg. Das estnische Nationalepos, hg. von Peter Petersen, Stuttgart, Berlin 2004, 297-306. – Puhvel, Madli: Symbol of dawn. The life and times of the 19th-century Estonian poet Lydia Koidula, Tartu 1995. – Schuckmann, Ilse: Wie das estnische Epos Kalevipoeg Gestalt gewonnen hat, Ottersberg 2001

32. Es war Moritz Graf von Sachsen (*1696 in Goslar, †1750 auf Schloss Chambord, Frankreich), Sohn Augusts des Starken und seiner Mätresse Aurora von Königsmarck. 1726 ließ er sich vom kurländischen Adel zum Herzog wählen, um an der Seite von Anna Iwanowna, der Nichte Peters des Großen, den Thron zu besetzen. Anna war die Witwe des vormaligen Herzogs Friedrich Wilhelm. Der polnische Reichstag erklärte die Wahl für ungültig, da er Kurland nach dem Aussterben der Ketteler-Dynastie Polen einverleiben wollte. So sah sich August als König des Landes genötigt, sich gegen seinen Sohn zu stellen.
Nach dem Tod der Zarin Katharina I. war Fürst Menschikow der mächtigste Mann in Russland. Er ließ 1727 Moritz aus Kurland vertreiben. Bald darauf verlor Menschikow allerdings seine Macht und wurde nach Sibirien verbannt. Anna wurde später selbst Zarin und machte 1737 ihren Günstling Ernst Johann von Biron zum Herzog von Kurland. – Die Moritzinsel liegt im See von Usmaiten. Moritz machte als Feldherr in französischen Diensten Karriere und erhielt 1744 den Titel Marschall von Frankreich.

📖 Düsterwald Erich: Moritz von Sachsen. Marschall von Frankreich, Sankt Augustin 1972. – Treffer, Gerd: Moritz von Sachsen – Marschall von Frankreich, Regensburg 2005.

33. Es war der russische Schriftsteller Alexander Solschenizyn (*1918 in Kislowodsk im Kaukasus, †2008 in Moskau). 1945 wurde er wegen kritischer Äußerungen über Stalin zu acht Jahren Lagerhaft verurteilt. In der Chruschtschow-Zeit wurde er rehabilitiert und konnte eine Erzählung über stalinistische Lager („Ein Tag im Leben des Iwan Denis-

sowitsch") veröffentlichen. Später geriet er jedoch in Gegensatz zur sowjetischen Obrigkeit. Der Roman „Der Archipel GULAG" entstand ab 1965 in Estland und wurde erstmals 1973 in Paris veröffentlicht. Der Autor, der 1970 den Nobelpreis für Literatur erhielt, lebte 1974-1994 im Exil.

📖 Thomas, Donald M.: Solschenizyn. Die Biographie, Berlin 1998.